知本主义

用知识管理打造企业护城河

李光德 / 著

电子工业出版社
Publishing House of Electronics Industry
北京·BEIJING

内 容 简 介

商场如战场，企业除了胜利已经无路可走。因为环境迅速变化，传统的学习方式、赋能方式已经跟不上时代的变化，企业无法像过去一样，先慢慢地培养人，再去解决问题，而是必须先解决业务问题，同时在这个过程中把人才锻炼出来。遵循"用驱动学习""快胜过完美"的原则，组织需要建立"在战争中学习战争"的能力，在一次任务执行周期之内，既要完成预期的业务目标，又要把经验固化为组织能力，还要提升业务团队的竞争力，实现"既'打粮食'，又增加土壤肥力"的效果。华为是践行"在战争中学习战争"的标杆企业，本书从为什么、是什么、怎么做 3 个方面对华为项目知识管理解决方案进行了系统讲解，适合企业中高层管理者、项目经理、知识管理从业人员等学习。

未经许可，不得以任何方式复制或抄袭本书之部分或全部内容。
版权所有，侵权必究。

图书在版编目（CIP）数据

知本主义：用知识管理打造企业护城河 / 李光德著.
北京：电子工业出版社, 2024. 7. -- ISBN 978-7-121-48069-0

Ⅰ. F272.4

中国国家版本馆 CIP 数据核字第 20249E1B69 号

责任编辑：林瑞和　　　　特约编辑：田学清
印　　刷：三河市鑫金马印装有限公司
装　　订：三河市鑫金马印装有限公司
出版发行：电子工业出版社
　　　　　北京市海淀区万寿路 173 信箱　　邮编 100036
开　　本：720×1000　1/16　印张：12.75　字数：224.4 千字
版　　次：2024 年 7 月第 1 版
印　　次：2024 年 7 月第 1 次印刷
定　　价：59.00 元

凡所购买电子工业出版社图书有缺损问题，请向购买书店调换。若书店售缺，请与本社发行部联系，联系及邮购电话：(010) 88254888, 88258888。
质量投诉请发邮件至 zlts@phei.com.cn，盗版侵权举报请发邮件至 dbqq@phei.com.cn。
本书咨询联系方式：faq@phei.com.cn。

推荐序

知识管理的价值不在于知识和 IT，而在于组织成员对知识的应用。

知识管理从 20 世纪 90 年代开始兴盛起来，并得到了很多企业高层的支持和推动。遗憾的是，很多企业的知识管理变革都经历了高调引入、高层支持、员工欢迎、高潮过后一地鸡毛的过程，最后成为"鸡肋"，时间差不多为半年，我称之为"知识管理 6 个月现象"。究其原因，不外乎很多企业把知识管理当作自娱自乐，没有与实际业务的日常运作关联起来，没有给业务带来比较直接的价值。

华为的知识管理也走过一段艰难岁月，从 20 世纪 90 年代华为内部的 BBS 论坛开始，到 2005 年信息安全部署使华为内部交流极其不便，再到 2008 年华为研发部门搭建 Hi3MS 平台并组建运营团队，极大地促进了知识的分享和查找，同时华为研发部门的分享文化也得到很大发展。2011 年，华为组建了公司级知识管理变革项目群，同年 6 月份我接手了这一项目，此前我对知识管理一无所知；2011 年年底，当我向公司汇报工作时，公司决定让我牵头组建知识管理部门，专职干这件事情，光德作为研发专家通过内部应聘来到知识管理部门。

其实，华为内部很多人并不看好知识管理。在华为，如果一件事情不能给业务带来直接价值，基本上就没法做下去，而当时华为的知识管理团队面临的挑战是如何让知识管理给业务带来直接价值。项目组聘请的两位资深顾问给华为带来了知识管理应用的业界最佳组织实践，标杆组织通过一套科学的知识管理机制确实帮助业务大幅提高了工作效率和质量，有效降低了生产成本，这些成功实践极大地提升了我们的信心。

同时，项目组在华为内部也找到了愿意尝试知识管理变革的产品开发团

> **知本主义：**
> 用知识管理打造企业护城河

队,并启动试点项目。虽然开展知识管理试点的过程犹如在黑暗中行走,看不到光,非常艰难,但是项目组坚定地走了下去。2012年6月,试点项目结束,试点项目的效率、产品的质量有了大幅提升,华为的知识管理之路初见曙光。接着,项目组按照试点方案在研发体系逐步铺开,业务人员的接受意愿非常高,同时任命了十几位业务领导担任对应组织的首席知识官,促进了知识管理和业务日常运作的真正融合,知识管理成了帮助业务人员高效完成业绩目标的有效工具。从此,知识管理便以燎原之势在华为大面积铺开。

最近几年,我们在其他公司的知识管理实践也起到了与华为类似的效果,知识管理实践证明了知识管理能够给业务带来直接价值,能够迅速提升组织的作战能力。

当前,知识管理在企业界越来越火,很多企业高层非常认可知识管理,但比较突出的问题是企业对知识管理的认知不够,大部分企业把知识管理简单地理解为上线一套知识管理平台,对知识运营、知识管理融入业务流程等不够重视,投入不足,未能让企业的知识和经验得到有效应用,未能助力业务改善,导致"知识管理6个月现象"一再发生。

感谢光德把近十几年我们在华为所做的实践详细地写出来,这本书将华为如何通过知识管理提升业务绩效讲得非常清楚,值得认可知识管理、不了解知识管理的人借鉴。

我衷心地希望越来越多的企业能够采取正确的方法部署知识管理,并坚持下去,让知识管理对企业的长期稳定发展起到实质性作用。

谭新德

2024年3月4日

本篇推荐序的作者历任华为首任首席知识官、华为战略营销变革总裁、华为研发变革(IPD-3T)委员会副主任、华为公司项目管理部总裁、华为CBG数字运营支撑部/企业架构与流程部部长,曾荣获华为内部管理奖项"蓝血十杰"。

自序

人生真的非常奇妙，我小时候憧憬当老师，高中时向往从事生物学研究，但大学时学习的专业是计算机专业，在机缘巧合之下通过校园招聘进入华为，没想到工作十几年后，能够实现小时候的梦想，现在我已成为一名培训咨询顾问。非常感谢华为，离开华为才更懂华为，虽然华为强调"板凳先坐十年冷"，但是留给我的是"败则拼死相救，胜则举杯相庆"的记忆。

感谢华为的领导谭新德和各位前辈将我带入知识管理这个领域，记得刚加入华为知识管理能力中心①的时候，我们在深圳坂田基地 B1 办公楼的一间办公室里办公，条件比较简陋，负责知识管理和文档管理的十几个同事挤在一起，工位很小，只有在学校读书时用的书桌那么大。各种文件、奖牌、纪念品堆得到处都是，能利用的空间都利用上了，那时知识管理能力中心就像一个刚刚创立的小公司，每个人都充满干劲，全身心投入工作中，其他的都顾不上，这种努力拼搏的精神让人非常怀念。

我国改革开放经过 40 多年的发展，大部分行业都进入了繁荣状态，竞争也日趋激烈，商场如战场，商业竞争虽然不像真实战场一样充满硝烟，但斗争的残酷性一点儿也不逊色，企业除了胜利，已无路可走。如何取得胜利呢？从战争学习战争②。

因为环境在不断地变化，传统的学习方式、赋能方式已经跟不上时代的发展，企业无法像过去一样先慢慢地培养人，再去解决问题，必须先解决业务问题，同时在这个过程中把人才锻炼出来，遵循"用驱动学习""快胜过

---

① 能力中心：承担对应业务领域的能力建设与赋能职责，也可称之为对应领域的能力看护部门。
② 毛泽东：《毛泽东选集（第一卷）》（第二版），人民出版社，1991，第 181 页。

> **知本主义：**
> 用知识管理打造企业护城河

完美"的原则，组织需要建立"在战争中学习战争"的能力，在一次任务执行周期之内，既要完成预期的业务目标，又要把经验固化为组织能力，还要提升业务团队的竞争力，实现"既'打粮食'，又增加土壤肥力"的效果。

华为是国内长期践行"在战争中学习战争"的标杆企业，在长期的发展过程中形成了一系列优秀做法。本书以华为的实践为主线，辅以其他企业的部分案例进行说明，按照"为什么""是什么""怎么做"三大模块展开。

"为什么"这一模块对应的是第1章，从外部环境、竞争格局、增长模式的转变说明企业如果想要持续赢得竞争，必须遵循"用驱动学习""快胜过完美"的原则建立"在战争中学习战争"的能力，即知识管理。

"是什么"这一模块对应的是第2章，主要介绍数据、信息和知识的区别，以及知识管理的定义和前世今生。

"怎么做"这一模块对应的是第3章至第10章的所有内容，聚焦项目这一"在战争中学习战争"的主战场进行详细的说明。为了确保读者学习后能马上应用，本书围绕项目开展的全生命周期，详细说明了各阶段知识管理活动的操作方式和对应工具。

感谢华为，感谢刘雪晖、师菁、粟小青、赵丹妮、张兰桂、李爱红、贺明、李敏、范国辉、宋晓波、曹丽蓉、吴玉宪、张勤、李新、梁伟宁、高金宝、周伟、赖磊宇、王万翎、刘红梅、刘萍、吕琳洁、何威、邢文静等华为知识管理专家的支持和帮助，感谢邓学勤、朱玉梅等领导的支持和指导，感谢黄凤娥、陈琦、杨庆钏、严福薇、张甜、严容、席榕、郭芮、刘娟、曾晶晶等正中投资集团有限公司知识管理同事的支持和帮助，感谢 Nancy Dixon、Nick Milton 两位知识管理顾问的指点和辅导，感谢邱昭良老师在组织学习方面的指导。在大家的帮助、指导和支持之下，我在知识管理领域的专业技能得到快速提高，实践经验得到迅速积累。

感谢项目管理协会（PMI）、美国生产力与质量中心（APQC）、经济合作与发展组织（OECD）、麻省理工学院、盖洛普咨询公司、Asymco 等机构和企业，感谢彼得·德鲁克、艾蒂纳·温格、理查德·麦克德马、威廉姆·M.斯奈德、菲利普·科特勒、陈劲、宋保华、葛新红等大师，受益于大家的研

自序

究成果，我能够更全面地理解知识管理对于企业的价值和意义，更高效地开展知识管理实践，更系统地总结、提炼知识管理解决方案。

感谢创业期间所有给出建议和支持的朋友，正是因为大家的反馈和建议，我才能更清楚地认知到市场与产品的关系，将我所学、所实践的内容在市场竞争中充分打磨。

感谢在百忙之中愿意与我交流的各位企业家和管理者，通过和大家的互动交流，印证了我原来的判断，坚定了我的信心，知识管理就是大家当前所需要的，我要做的就是把它写出来，让更多需要它的人了解它。因此，有了这本书——《知本主义：用知识管理打造企业护城河》。

因文化、业务环境等方面的差异，每个企业的知识管理之路都是不一样的，无法照搬某一种模式，需要每个企业基于理论和工具，结合自身情况进行适配和发展。所以，我将自己所学、所思、所想、所做记录下来，供读者参考，如有不对或错漏的地方，烦请各位读者指正。

李光德

2024 年 3 月 13 日

读者服务

微信扫码回复：48069

- 加入本书读者交流群，与作者互动
- 获取【百场业界大咖直播合集】（持续更新），仅需 1 元

目 录

第1章 在战争中学习战争 1

1.1 风来了，企业一定能飞起来吗 3
1.2 降本增效，那些看不见的无形成本降下去了吗 5
1.3 是通过提升员工能力去解决问题，还是在解决问题的同时锻炼人才 ... 9
1.4 商场如战场，在战争中学习战争 11
1.5 "知识就是生意"与"顾客就是生意"同样重要 14
  1.5.1 技术和基础设施的快速进步要求企业必须高效学习 14
  1.5.2 组织最大的浪费是知识的浪费 16
  1.5.3 没有知识管理，组织创新就是无源之水 17
  1.5.4 知识管理是打造高效组织氛围的必要条件 18
  1.5.5 知识管理是国与国之间软实力的竞争 20

第2章 知识管理的前世今生 23

2.1 知识是有效指导行动的信息 25
2.2 知识管理=复制成功+避免失败+创新适变 29
2.3 知识管理与培训、档案管理和流程管理的异同 30
2.4 现代组织开展知识管理的4个阶段 33

第3章 华为公司最大的浪费是经验的浪费 37

3.1 掌握3个基本原则，所有人都能实现绩效翻倍 41
3.2 建立人与人之间的连接和知识的收集同等重要 45
3.3 华为知识管理，在探索中前行，在波折中发展 47
3.4 IT落地无果之后的绝地反击——华为知识管理变革项目群 50
3.5 画蓝图，定方法，抓场景，力出一孔，饱和攻击 52

第 4 章 项目——在战争中学习战争的主战场 57

- 4.1 PMBOK®指南（第六版）新增"管理项目知识" 59
- 4.2 经验教训知识库、经验教训登记册和经验教训 65
- 4.3 赋能——项目管理办公室的基础职能 68
- 4.4 华为项目知识管理试点，让星星之火呈燎原之势 70
  - 4.4.1 通过系统地做前学、做中学、做后学，构建 LLT 防护网 72
  - 4.4.2 在实战中提升特性负责人的能力 72
  - 4.4.3 T 项目试点成功的原因 74
- 4.5 华为项目知识管理解决方案 75

第 5 章 项目立项阶段——兵马未动，粮草先行 79

- 5.1 对标越详细，审批越快 80
- 5.2 组建多元化团队，实现 1+1>2 的效果 82
- 5.3 搭建组织知识库，为经验留存提供支撑 85
- 5.4 做实决策评审，让鲜血不白流 90

第 6 章 项目计划阶段——凡事预则立，不预则废 97

- 6.1 项目知识计划：给项目风险控制上保险 98
- 6.2 行动前回顾：盘点现有知识，促进知识应用 105

第 7 章 项目执行阶段——干中学，学中干 111

- 7.1 同行协助：让新手团队第一次就做到组织最佳水平 112
- 7.2 事后回顾：让当前项目的成果不断走向卓越 119
  - 7.2.1 事后回顾、项目回顾和知识收割的差异 123
  - 7.2.2 开展事后回顾的关键角色及职责 125
  - 7.2.3 筹备事后回顾 125
  - 7.2.4 会中回顾讨论 128
  - 7.2.5 如何让复制成功、避免失败成为必然 134
  - 7.2.6 会后闭环 136
  - 7.2.7 经验教训管理 136

第8章 项目闭环阶段——前事不忘，后事之师 141

8.1 项目回顾：系统总结项目经验，支持未来的项目成功 142
- 8.1.1 什么是项目回顾 143
- 8.1.2 如何开展项目回顾 144
- 8.1.3 项目回顾和同行协助同时应用 149
- 8.1.4 某物业服务公司服务品质提升咨询项目回顾 150

8.2 知识收割：将经验固化为组织能力 154
- 8.2.1 华为知识收割，在探索中形成标准 154
- 8.2.2 规划知识收割 156
- 8.2.3 实施单项目知识收割 158
- 8.2.4 某酒店客户满意度咨询项目知识收割 160
- 8.2.5 华为N国L项目应用事后回顾、项目回顾、知识收割实现项目成功和能力固化 161

第9章 社区 165

9.1 同行实践社区：聚智慧，创未来 166
- 9.1.1 业界实践 168
- 9.1.2 华为实践 170
- 9.1.3 其他企业实践 172

9.2 项目社区：变革松土，氛围营造的线上阵地 177

第10章 让企业走得更远 181

10.1 企业文化决定成败 183
10.2 各级管理者的言行是第一驱动力 185
10.3 打通知识从沉淀到应用的闭环，整体效果远大于局部之和 186
10.4 聚焦业务痛点，在正确的时间把正确的知识传递给有需要的人 188
10.5 多方位地开展知识管理运营，营造分享和应用知识的文化 189

第 1 章

在战争中学习战争

知本主义：
用知识管理打造企业护城河

　　从现在看未来，全是挑战，从未来看现在，都是机会。企业要想在激烈的竞争中保持快速发展，必须做到"春江水暖鸭先知"，比竞争对手先洞察到外部变化的趋势，快速更新现有的"作战"[①]模式并使自己适应环境的变化。

　　国家统计局人口和就业统计司在相关报告中指出："1982年全国高中及以上受教育程度人口占总人口的7.2%，1990年占9.4%，2000年占14.7%，2010年达到22.9%，2018年提高到29.3%，呈现稳步提升态势。"[②]第七次全国人口普查数据显示，"2020年，大陆地区每10万人中具有大学文化程度的达到15467人，比2010年'六人普'时高出6537人"[③]，这标志着我国正逐步从人口红利期向人才红利期转型。

　　中共十九大报告指出："我国经济已由高速增长阶段转向高质量发展阶段，正处在转变发展方式、优化经济结构、转换增长动力的攻关期，建设现代化经济体系是跨越关口的迫切要求和我国发展的战略目标。"[④]这意味着企业必须从过去的规模性增长转向高质量发展，从简单的做大转变为先做强再做久做大。

　　企业的高质量发展需要大量人才，而我国人才红利的逐步显现为企业的高质量发展创造了可能性，在这一背景下，企业要进化为一个新物种，能够有效激发人才潜能，充分利用人才的经验和智慧，边打仗边建制，边生长边扎根，使自己的作战效率更高、成本更低、产品质量更好。

---

① 作战：商场如战场，华为内部经常将各种商业活动比作攻克山头、抢夺阵地、抢滩登陆等作战任务，形容商业竞争的激烈程度和一战而胜的决心。本书中凡是提到"作战"二字，如作战模式、作战效率等，都是以商场如战场作类比。
②《人口总量平稳增长 人口素质显著提升——新中国成立70周年经济社会发展成就系列报告之二十》，国家统计局，2019-08-22。
③《第七次全国人口普查公报解读》，国家统计局，2021-05-12。
④《习近平：决胜全面建成小康社会 夺取新时代中国特色社会主义伟大胜利——在中国共产党第十九次全国代表大会上的报告》，中国政府网，2017-10-27。

第 1 章
在战争中学习战争

1.1 风来了，企业一定能飞起来吗

"2020 年 9 月，习近平总书记在第七十五届联合国大会一般性辩论上正式宣布：'中国将提高国家自主贡献力度，采取更加有力的政策和措施，二氧化碳排放力争于 2030 年前达到峰值，努力争取 2060 年前实现碳中和。'"[①]在此背景下，新能源行业具有非常好的发展前景。企业 A 是国内一家老牌储能企业，其产品已经进入美国市场，在整个行业内具有很大的影响力，风口一来，许多友商直接从该企业挖人，同时该企业的订单不断增加，由于该企业在过去发展顺利的时候没有认真总结经验，没有把能力建在组织上[②]，所以该企业在人员流失后无法快速培养人才，进而无法支持企业迅速"跑马圈地"，没有比这更让人无奈的事情了。

企业 A 的高层管理者很快意识到了问题所在，便决定改变这种局面，于是用一天半的时间把全国各地分公司的主要管理者集中到生产基地对多个重大项目进行整体回顾，产品线负责人也全程参与。遗憾的是，整个过程中一直是项目负责人围绕项目存在的问题向参会人员汇报，大家没有任何讨论。实际上，此次会议内容主要是项目回顾[③]结束后的成果总结与汇报。该企业在开展项目回顾时存在以下 3 个问题。

问题一，该企业在开展项目回顾的过程中没有进行阶段性的及时回顾，没有快速总结和应用经验，等到多个项目结束后再开展项目回顾，必然会出现人员变动导致经验流失、因回顾内容太多而难以兼顾等问题，从而难以保证项目回顾的质量。

---

① 《积极稳妥推进碳达峰碳中和》，中国政府网，2023-04-06。
② 把业务建在流程上，把能力建在组织上，这两句话是华为内部进行组织能力建设的日常用语，指的是企业经营管理从人治到法治的执行方针或原则。
③ 项目回顾：一种复盘方法，适合项目性工作复盘，详细内容请见第 8 章 "8.1 项目回顾：系统总结项目经验，支持未来的项目成功"。复盘是一种总结经验教训的方法，常在任务结束之后开展。

> **知本主义：**
> 用知识管理打造企业护城河

问题二，对于影响项目成败的关键事件，该企业没有进行事后回顾[①]，没有先对关键事件进行详细分析和总结，而是按照类别统一处理，使客观事实还原不完整，根因分析深度不够，导致改进措施难以达到预期效果，这属于典型的盲人摸象。

问题三，由于该企业开展项目回顾只讲项目存在的问题，对企业有借鉴意义的成功经验只字不提，所以参会人员无法将优秀做法坚持和固化下来。长此以往，很容易形成"追责""问题回溯"这种企业文化，在压抑的氛围下，不利于企业总结和传承经验。

总而言之，企业遇到重大市场机会或发展顺利的时候，是企业解决自身问题的最好时机，但此时也很容易忽视问题。企业面临困难的时候，会发现各种各样的问题，有时经过不懈努力还是错过了最佳改善时机。

企业 A 的人力资源部门总监曾抱怨："招人太难了，我们已经向整个行业中所有的候选人打过电话，或者以其他方式与他们沟通过了，还是招不到人。"

真的招不到人吗？一方面确实是人才少，另一方面是资金不足。在风口来的时候，人才十分重要，在竞争对手以薪资涨一倍的条件把人才挖过去后，企业要以薪资再涨一倍的条件把人才挖回来吗？不要，再有钱也经不起来回折腾。与此同时，当员工发现跳槽或被挖走比踏踏实实工作能更快拿到更多薪资时，还有心思拼命工作吗？每家企业都缺少优秀人才，招聘是解决不了问题的，尤其是当资本大量涌入一个行业时。

笔者当时给企业 A 的建议是分三步走。第一步，突破招聘技术专家这一关，科学技术是第一生产力，必须马上启动关键技术路径分析，找到技术卡位点，针对"卡脖子"的地方聘请技术专家，不管花多少钱，都要聘请技术专家，不然，注定只是陪跑，技术上很难有重大突破。第二步，解决招聘管理人员难的问题，企业可以采用跨界招聘的策略，通过业务形态和管理模式分析，从非新能源行业的企业招聘人才，不但薪资成本低，而且人才素质

[①] 事后回顾：一种复盘方法，适合日常任务复盘，详细内容请见第 7 章"7.2 事后回顾：让当前项目的成果不断走向卓越"。

和经验能够满足企业的要求。第三步，持续组建优秀人才梯队，可以通过校园招聘或企业自己培养来实现。大部分应届毕业生缺少经验，竞争对手不会高薪聘用他们，他们也珍惜在企业好好沉淀的机会，一两年之后，企业基层员工不足的问题就会得到有效缓解；3~5年之后，企业基层管理干部也会不断涌现。

以上三步环环相扣，缺一不可，如果企业经验传承、学以致用的能力不足，技术专家的研究思想和方法就难以沉淀，管理专家的优秀管理经验复制就会困难重重，优秀人才梯队的组建工作将陷入巧妇难为无米之炊的窘境。

1.2 降本增效，那些看不见的无形成本降下去了吗

为了确保从激烈的竞争中脱颖而出，大量企业从财务方面来降本增效。虽然初衷很好，但是从财务方面降本增效有一个前提——财务数据能反映业务实质，就像人们去医院体检一样，体检报告中的数据能反映一个人身体的健康状况，当体检数据不完整甚至错误时，大概率会导致医生的诊断结果与实际情况不符。大部分企业的财务管理情况远远达不到预期目标，满足不了账实相符、账账相符的基本要求，从而导致财务数据无法反映业务实质。一般来说，即使企业的财务管理能力达到了较高的水平，财务数据也不能反映企业的所有方面，例如决策的质量、员工的工作状态、优秀人才的流失情况、企业是否不断地重犯错误、好的经验能否被及时应用等。如果仅从财务方面考虑降本增效，就很有可能走入饮鸩止渴的误区。

在华为技术有限公司（以下简称华为），一个具有突破性的观点是劳动、知识、企业家和资本创造了公司的全部价值。也就是说，从生产要素的角度来看，真正的降本增效必须覆盖劳动[①]、知识、企业家[②]和资本4个方面，而财务反映的只是资本这一方面。就像炒菜一样，需要各种食材、配料，只有

---

① 劳动：指劳动者，企业中的普通员工。
② 企业家：不仅是企业的创建者，还包括一群有企业家精神的管理者。

> **知本主义：**
> 用知识管理打造企业护城河

将它们放到锅里面并按照一定的程序进行烹饪，才能做出一盘美食，只盯着某一种食材下功夫，这是必要条件之一，不是充分必要条件。所以，仅仅从财务方面来降本增效是不够的。

在这4个方面中，比较容易被忽略的是知识，能带来杠杆效应的也是知识，所以，华为才会说"华为公司最大的浪费是经验的浪费"[①]。这种浪费对企业的经营决策、排兵布阵、落地执行都将产生深远的影响，平时这种浪费不起眼，但会在关键时刻拖企业的后腿，企业想及时补救，可远水救不了近火，只能忍痛错失机会，或者付出不必要的成本，具体情况如下。

① 风口来了，企业快速发展，但员工不断被竞争对手挖走，经验又沉淀不下来，拖累业务发展。

② 当面临重大决策时，企业不懂得如何权衡利弊，陷入主观主义、盲动主义的陷阱。

③ 企业的财力有限，企业只能聘请具有60分能力的团队，不知如何做才能实现100分的业绩。

④ 企业的管理者有很强的执行力，但不知道如何指导员工分析问题、解决问题，虽然企业的管理者花了很多时间对员工进行辅导，员工也愿意加班学习，但是改善有限，最后抱怨员工怎么教都教不会。

⑤ 员工不断地重犯错误，优秀员工的做法得不到有效复制，企业陷入低水平重复的困境。

⑥ 企业意识到存在的问题，尝试通过各种方法总结经验，尽管投入了大量人力、物力，做了大量总结，还是因缺少科学指导，导致输出的内容大多是一些正确的废话，无法指导行动。

…………

企业降本增效最应该下功夫的方面是提高决策效率，决策错了，企业会付出很大的代价，甚至造成浪费。人都会犯错误，企业不会永远依靠一位英明的领导持续走出困境，只有总结规律，按照规律做事情，才能提高决策效

---

① 黄卫伟主编《以客户为中心：华为公司业务管理纲要》，中信出版社，2016，第359页。

率，而规律就是知识。

　　许多人都曾减肥，或者正在计划减肥，那么减肥有没有诀窍呢？有的人说："管住嘴，迈开腿。"有的人说："少吃多运动。"这些诀窍对所有人都适用吗？不一定，因为这些诀窍是经验，不是规律。减肥的规律是能量守恒原理，在这一原理的指导下让人体摄入的能量小于消耗的能量，所有人都能减肥成功，这就是知识的力量。虽然企业没能总结出类似能量守恒原理这样的规律，但是总结出了类似"管住嘴，迈开腿""少吃多运动"这样的经验，也能提高决策效率。

　　有的企业在做降本增效的时候，裁员成了必选项。如果企业像园丁一样，定期修剪不健康的枝条，让果实吸收更多的养分，那么裁员是有益的，但可怕的是裁员一波接一波，让所有员工没有安全感，员工不知道哪一天自己会被裁掉，此时员工可能会失去奋斗的激情，这时候，降本降的不是资金，而是人心，破坏的是"人和"，违背了越困难越要凝心聚力的原则，而信心比黄金更重要。华为在分析自身的成功经验时，总结了两句话——方向大致正确，组织充满活力。在这两句话的指导下，华为在进行降本增效时知道如何拿捏"灰度"①，不会僵化执行，无论怎么操作，都必须遵循"三个人干五个人的活，拿四个人的工资"这一基本原则，实现企业和员工双赢。

　　企业降本增效应该分析自身的产品结构与市场需求的匹配情况，识别哪些产品是过去的主要盈利产品，哪些产品是今天的主要盈利产品，哪些产品是未来的主要盈利产品，哪些产品是有利可图的副产品，等等，将宝贵的人力资源、资金放在需要的地方，如削减过去的主要盈利产品的人力投入，将人力放在今天的主要盈利产品和未来的主要盈利产品上，这种变化看起来没有降本，却在增效，这样的决策符合"方向大致正确，组织充满活力"，正如华为创始人任正非所说："眼前最重要的不是成本高低问题，

---

① 灰度：华为内部的日常用语，是指事情不是非此即彼，而是在黑白之间有重叠，这个重叠的地方是灰色的。灰度强调的是基于实际情况进行灵活调整，恰到好处，不僵化执行。例如，用药材熬出来的药汁非常苦，如果给儿童喝，就可以放点儿糖，确保儿童喝药的时候不会因为药汁太苦而抵触；如果给成年人喝，通常不需要考虑这方面的影响，放不放糖这个操作体现的就是"灰度"。

知本主义：
用知识管理打造企业护城河

而是能否抓住战略机会的问题。抓住了战略机会，花多少钱都是胜利；抓不住战略机会，不花钱也是死亡。节约是节约不出华为公司的。"[1]

企业降本增效应该避免"重复造轮子"[2]，在继承最佳实践的基础上发展。华为对管理者和员工进行知识管理培训的时候会先做一个沙盘演练，给大家同样的任务、同样的资源、同样的时间，但所有小组之间互相看不到，15 分钟之后，学员发现不同小组之间的绩效相差甚远，甚至差一倍。接着，讲师告诉学员 3 个基本学习原则，在按照这 3 个基本学习原则进行操作后，所有小组的绩效都增长了一倍。截至 2023 年 11 月，笔者引导沙盘演练约 100 场，参与的人包括企业家、联合创始人、高中基层管理者、技术人员，甚至包括从事清洁工作的阿姨和大叔，没有一次例外，所有人在第二次沙盘演练时都实现了绩效翻倍。

如果项目之间不互相学习，就会不断地重犯错误，而好的做法也会不断地被重复推出，浪费大量资源。如果项目之间互相学习，随着时间的推移，项目效率就会越来越高。学习过程越快，改善越快。项目学习质量对项目学习成本的影响，如图 1-1。

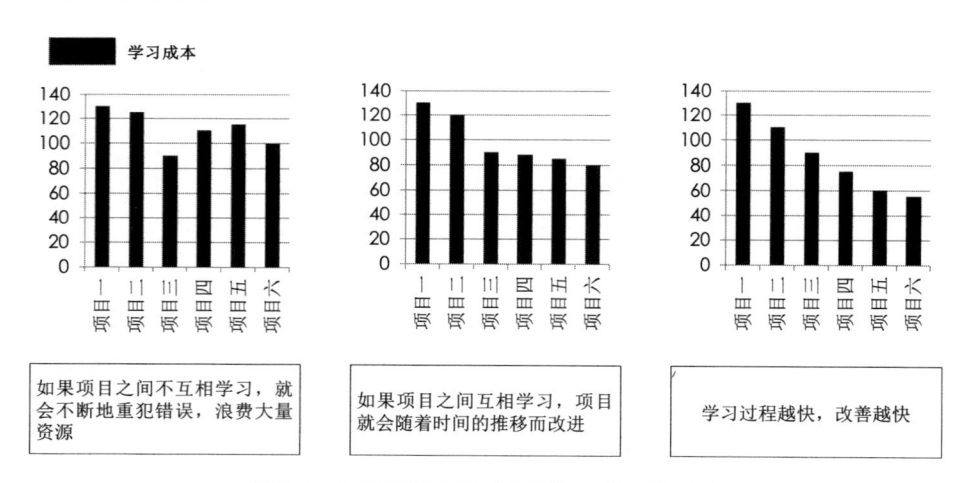

图 1-1 项目学习质量对项目学习成本的影响

---

[1] 黄卫伟主编《以客户为中心：华为公司业务管理纲要》，中信出版社，2016，第 134 页。
[2] 重复造轮子：华为内部用语，是指反复重新发明同样的或类似的方法、管理体系等，换汤不换药。

如果企业不建立一种及时总结经验、及时跨部门或跨项目分享经验、及时将经验固化为组织能力的机制，图1-1所示的第二种情况和第三种情况就很难发生，项目效率也不会提高。所以，华为才会投入资源，在知识管理方面力争实现"三个一"——让员工在一分钟内找到工作所需的基本知识，员工发起的求助在一天内得到初步的解决方案，项目结束一个月之内确保其经验被回收到组织。这种投入看起来是在增加成本，实际是在增效，能获得远超成本的收益。只要能帮助一个失败的项目取得成功，所有的投入就会赚回来，从第二个项目开始，剩下的就都是利润，如华为某产品线在开展项目知识管理试点时，取得了非常突出的效果——版本迭代100%成功、交付特性100%一次验收通过、开发周期缩短35%、累计节约人力投入519人月。

1.3 是通过提升员工能力去解决问题，还是在解决问题的同时锻炼人才

按照惯有的思考方式，企业在遇到问题并排除了资源、时间等方面的影响后，往往会将问题的根因归结为人的能力不足，然后要求人力资源部门对员工进行系统培训或制订个人能力提升计划，期望快速提升员工的能力，从而更好地解决问题。这种思考方式很常见，是因为我们从小到大上学就是不断地接受培训，经过长期积累，它已经深深地影响了我们的心智。

在工作环境相对稳定的情况下，先基于岗位职责或工作流程提升员工技能，再解决企业面临的业务问题，是一种行之有效的方法。当环境迅速变化、竞争非常激烈时，这种方法便难以满足业务的需要。首先，在竞争非常激烈时，企业必须马上解决问题，否则将错失机会；其次，不同的人，他们的理解能力、思考方式、实践经验等方面存在差异，企业难以把握员工的成长速度，员工的成长过程充满不确定性；再次，环境迅速变化，如果经验不能在第一时间被应用，很快就会过时；最后，企业面临挑战的时候往往很难找到

知本主义：
用知识管理打造企业护城河

系统的完整的培训课程对员工赋能。

此时，企业采取的最优策略是先解决问题，在解决问题的同时锻炼人才，这就要求企业必须改变过去的做法，遵循"用驱动学习""快胜过完美"的原则培养适应新时代的组织学习能力。

所谓"用驱动学习"，不是基于员工的能力出发，而是基于业务需要出发，时刻审视当前工作存在的挑战或潜在风险，快速了解企业内部、外部哪些人经历过或处理过类似情况，请他们指导项目团队以快速应对挑战或风险。

所谓"快胜过完美"，指的是业务面临挑战时，哪怕在企业内部找到支持业务往前走一小步的方法，也要第一时间借鉴并应用起来，而不是在形成一个完整的解决方案之后再一次性解决问题，能推进一步，离成功就近一步，每迈进一步，人的认知和理解就提高一步，而有效的解决方法很有可能在这一小步、一小步的挪动过程中涌现出来。与此同时，及时反思、总结、调整，不断迭代、改进，在问题解决后再进行系统性的总结和复制，确保企业一直处于高效、敏捷的状态。

基于业务挑战、快速响应的学习机制，仅仅依靠人力资源部门、企业大学是不够的，因为它们无法及时了解业务当前面临的挑战，不能时刻了解员工在工作中学到的经验，更没有那么多的资源把学到的知识总结下来。企业唯一能做的就是建立一套机制让业务运作起来，就像交通系统一样，设计好路线和交通规则，只要不出意外，人们就能高效通行。当一套机制越来越高效时，就能产生水涨船高的效果，业务问题就能被高效解决，人才也能被锻炼出来，学习型企业就会慢慢走上正轨。

有意思的是，许多企业仍然停留在过去的赋能方式当中。例如，某企业的客户是广大消费者，该企业旗下的多款产品配备了销售人员，但销售人员的能力参差不齐，该企业希望通过提高销售人员的能力来改善销售业绩，于是强制要求全国各地的销售人员写案例，然后收集案例并汇总给第三方营销咨询顾问，让营销咨询顾问从中挑选优秀案例，最后将案例开发成课程，并对全国各地的销售人员进行培训，这种做法持续了很长一段时间，但收效甚微。显然，这家企业非常重视经验传承，愿意投入资金，但其做法存在以下3个问题。

问题一，没有遵循"用驱动学习"的原则。学习不是目的，应用所学知识解决问题才是目的，所以要先分析需求，识别新手在销售不同产品的过程中经常遇到的问题及熟手最近面临的挑战，列出一份问题清单或挑战清单，有针对性地寻找最佳实践或赋能资源，而不是让第三方营销咨询顾问挑选案例。

问题二，赋能速度太慢，无法满足作战的需要。企业遇到问题的时候，一般的做法是先获取经验，然后开发成课程，接着批量赋能，最后员工按照自己的理解去实践。但现实情况要求企业遇到问题必须马上解决，由于每个人的能力、认知有差异，所以企业遇到类似问题的时候要适当地调整解决方案。此时，比较有效的做法是按照问题清单或挑战清单，识别哪些销售人员遇到过清单上的问题，找到善于解决问题的人，将他们和有困难的销售人员连接起来，通过对话的方式先解决问题，再把有价值的内容沉淀为案例，供他人学习。

问题三，通过反复讲课的方式赋能，成本高、效率低。企业可以通过智能化手段在企业级知识分享平台或培训平台开发线上模拟挑战功能，并结合视频提高情景模拟的真实性和体验感，在员工完成线上学习后，定期组织线下交流会，通过互相探讨来提高员工灵活应用知识的能力。

如果这家企业能够有针对性地改变做法，大概率会产生三重效果——业务问题被第一时间解决，经验沉淀和赋能的效率得到提高，赋能成本降低。

1.4 商场如战场，在战争中学习战争

企业就像一列高速行驶的火车，除非到达站点或出现意外情况，否则不可能停下来。因为客户不会停下来，竞争对手不会停下来，员工对美好生活

知本主义：
用知识管理打造企业护城河

的追求不会停下来，当企业这列高速行驶的火车出现故障时，只能一边行驶一边更换有问题的部件，这就是企业所面临的挑战。

大部分企业家在创立一家企业时并不完全懂得经营，他们在战争中学习战争，在经营企业的过程中学习经营之道，每次"战争"结束后及时总结经验，发扬优点，克服缺点，轻装上阵，乘胜前进，从胜利走向胜利。就像毛主席所说："读书是学习，使用也是学习，而且是更重要的学习。从战争学习战争——这是我们的主要方法。没有进学校机会的人，仍然可以学习战争，就是从战争中学习。革命战争是民众的事，常常不是先学好了再干，而是干起来再学习，干就是学习。"[①]

通用电气公司前总裁杰克·韦尔奇带领濒临破产的通用电气公司重回巅峰，他提出了非常有名的"数一数二"战略——在全球激烈的市场竞争中，只有领先竞争对手才能立于不败之地，任何事业部门存在的条件是在市场上"数一数二"，否则就要被砍掉、整顿、关闭或出售。除了这句话还有另外一句话，听过的人非常少，那就是"一个组织的学习能力和将学习转化为行动的速度，将是它战胜竞争对手最终的关键优势"，其实这句话的意思就是"在战争中学习战争"。

任正非在谈到"华为未来的胜利保障"[②]时提出了3条内容，这3条内容非常值得其他企业借鉴。

第一，要形成一个坚强、有力的领导集团，这个领导集团要听得进批评。什么是听得进批评？能接受不同的意见，能接受别人说自己做得不好，能进行调整和改变，听了不改，不叫听得进批评。华为的核心价值观是"以客户为中心，以奋斗者为本，持续艰苦奋斗，坚持自我批判"，大部分人听到的是核心价值观的前3句话，但没有第四句话前3句话就落不到实处。不能自我批判，听不进批评，"以客户为中心，以奋斗者为本，持续艰苦奋斗"就有可能陷入主观主义、盲动主义、教条主义的误区。高

---

① 毛泽东：《毛泽东选集（第一卷）》（第二版），人民出版社，1991，第181页。
② 任正非：《遍地英雄下夕烟，六亿神州尽舜尧》，2014。

层管理者最应具备的能力是自我批判的能力,人只有自我批判,才能容天、容地、容人。

第二,要有严格、有序的制度和规则,这个制度和规则是进取的。什么是规则?就是确定性,以确定性应对不确定性,用规则约束发展的边界。企业领导接受批评之后及时进行调整的做法和企业学习到的优秀做法,必须落到企业的制度和规则上,不因领导的喜好、人员的变动而改变,企业的发展必须从人治落实到法治,把业务建在流程上,把能力建在组织上,这样才能在一定程度上摆脱对别人的依赖,实现铁打的营盘流水的兵,从必然王国走向自由王国[①]。

第三,要拥有一个庞大的、勤劳勇敢的奋斗群体,这个群体的特征是善于学习。所谓善于学习,就是"一杯咖啡吸收宇宙能量""鲜花插在牛粪上,在继承的基础上创新",不要闭门造车,要学习百家之长,结合自己的实际情况形成一套有效的做法,跳过试错,一次性做到业界最佳水平,甚至超越最佳水平。

综上所述,一家企业取得成功有很多方面的原因,归根结底,是从学习这件事情上逐步发展起来的。大部分企业的领导都非常善于学习,但这只是个体学习,企业的经营管理团队能够像领导一样进行有效的学习吗?企业的所有员工都能像领导一样进行有效的学习吗?员工的成长速度能够赶上企业领导的成长速度吗?此时,已不是让员工学习的问题,而是企业是否建立了一套干中学、学中干的机制让员工进行有效的学习,让企业进行有效的学习,更重要的是,能否有效利用学到的知识解决业务问题,推动企业创新,适应环境变化。

---

① 从必然王国走向自由王国:指一开始不知道规律,按照历史经验做事情,如前文减肥案例中谈到的"少吃多运动",此时为"知其然不知其所以然"的状态;随着对世界的认识逐步加深,慢慢掌握规律,能够基于规律指导各项工作,如前文减肥案例中谈到的"能量守恒原理",此时为"知其然也知其所以然"的状态。

1.5 "知识就是生意"与"顾客就是生意"同样重要

每位企业家和管理者都希望自己带领的团队可以有效复制过往的成功,避免重犯过去的错误,并快速创新和调整,以适应环境变化,但在努力的过程中往往会遇到以下困难。

① 虽然做了很多项目,但是能力没有固化到组织上,资料还在员工的个人计算机里,员工离开团队后,经验和资料也流失了。

② 员工重复犯相同的错误,每次给人一种从零开始的感觉,好不容易把事情做成了,换人之后问题又出现了。

③ 随着社会的发展,竞争越来越激烈,分工不断深化,遇到的问题也越来越复杂,单靠个体的力量很难解决问题,迫切需要发挥集体智慧攻坚克难,但又缺少有效的方法。

④ 企业花了很长时间培养员工,效果不明显;经验丰富的专家忙着做业务,没有太多时间为经验少的新员工答疑解惑,经验少的新员工也不主动请教;老员工经验丰富,但不愿意分享,担心"教会徒弟,饿死师傅"。

⑤ 员工知道曾经发生过某件事情,因工作需要必须了解当时的详细情况,但不知道当事人是谁,只能挨个询问,问了很多人才找到当事人,费时费力,倍感心累。

⑥ 企业投入大量资源让员工写案例,但写了很多案例,要么没人看,要么找不到想要的内容。

…………

诸如此类,还有很多,以上这些困难,必然会对企业经营造成巨大浪费,甚至使企业错失宝贵的机会。

1.5.1 技术和基础设施的快速进步要求企业必须高效学习

现代管理学之父彼得·德鲁克在《21世纪的管理挑战》一书中指出:"战

第 1 章
在战争中学习战争

略必须接受一个全新的基本原则,即任何组织(不只是企业)必须按照业内表现优异的企业(无论在世界的哪个地方)设定的标准对自己进行评估"[1],还在《下一个社会的管理》一书中指出:"由于信息流通又快又容易,这要求知识社会中的每一个机构,不仅仅是企业,还包括学校、大学、医院,甚至是政府都必须具有全球竞争力,虽然大部分组织的活动仍将继续在当地市场中进行"[2],这意味着企业从诞生的第一天开始就必须培养全球竞争力。

事实上,彼得·德鲁克所说的这种情况已经是一种常态,技术和基础设施的快速进步与普及,既印证了这个事实又加速了发展进程。2013 年,Asymco 在一份报告[3]中对"一项技术在美国家庭中的渗透率从 10%到 90%所需的时间"进行了说明,笔者基于报告中的数据绘制了一张图,如图 1-2 所示,从中可以看到一个非常明显的趋势——越晚诞生的技术,其渗透的速度越快。例如,电话所需的时间是 73 年,录像机所需的时间是 30 年,互联网所需的时间是 20 年,智能手机所需的时间是 8 年。图 1-2 展示的是美国家庭的情况,但与我国家庭的情况类似,例如微信、美团、拼多多、抖音等应用的普及速度明显比较快。"变化"成了当今社会不变的底色,如果企业不能进行有效学习并快速调整,就有可能被竞争对手打败。

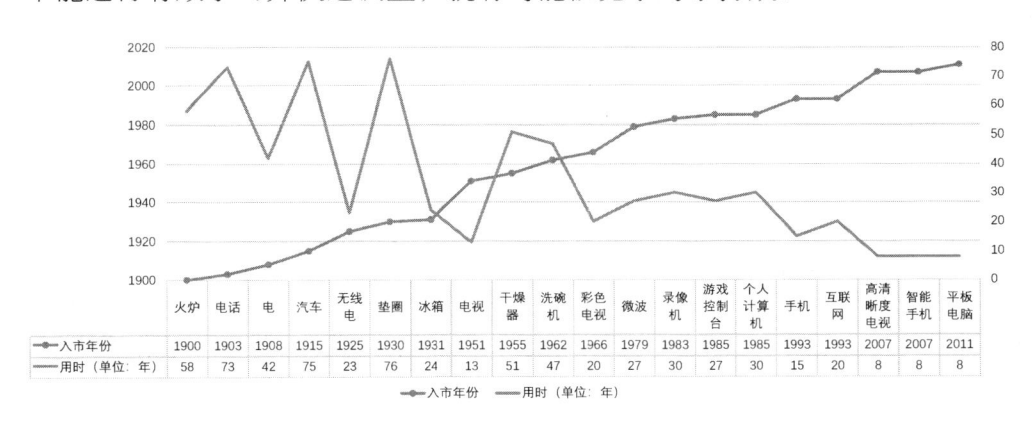

	火炉	电话	电	汽车	无线电	垫圈	冰箱	电视	干燥机	洗碗机	彩色电视	微波	录像机	游戏控制台	个人计算机	手机	互联网	高清晰度电视	智能手机	平板电脑
入市年份	1900	1903	1908	1915	1925	1930	1931	1951	1955	1962	1966	1979	1983	1985	1985	1993	1993	2007	2007	2011
用时(单位:年)	58	73	42	75	23	76	24	13	51	47	20	27	30	27	30	15	20	8	8	8

图 1-2 一项技术在美国家庭中的渗透率从 10%~90%所需的时间

---

[1] 彼得·德鲁克:《21 世纪的管理挑战》,朱雁斌译,机械工业出版社,2009,第 55 页。
[2] 彼得·德鲁克:《下一个社会的管理》,蔡文燕译,机械工业出版社,2009,第 133 页。
[3] Asymco: *Seeing What's Next*,2013.

而在 2023 年年初出现的 ChatGPT 又是一项类似的革命性技术，它席卷整个人类社会的速度再一次打破了历史纪录。在对 ChatGPT 进行分析后发现，想让它真正发挥作用，让它反馈的建议更加准确、有效，企业必须持续积累高质量的知识。

1.5.2 组织最大的浪费是知识的浪费

在与某企业管理者交流的时候，该企业管理者问笔者开展知识管理工作是否会给企业和员工增加额外的工作量，笔者回答："不会，因为这些工作本来就是企业和员工应该做的。"他继续问："李老师，虽然你这样说，但是很明显我们以前不做这些工作，现在做，工作量肯定增加。"

对于他的疑问，笔者非常理解，于是回应道："是否开展知识管理活动由市场环境决定，我们过去的发展战略是规模性增长，现在要求的是高质量增长。尽管贵公司很早就进入了这个行业，然而过去的积累非常有限，基本上是'边打边丢'，真正的竞争壁垒没有构建起来，现在大量资本进入市场，众多后起之秀在奋起直追，许多国内的头部企业也跨界进入这个赛道，接下来的 3 年是我们宝贵的机会窗，如果按照过去的做法继续干下去，那么我们的未来让人堪忧，所以，我们现在不得不做出改变。"他听完之后非常认同这一建议。

这家企业不是个例，管理学中的一句话非常形象地描绘了此类企业的状态——赚钱有多容易，管理就有多混乱。在我国进入高质量增长的发展阶段后，企业面临的第一个挑战是它的组织学习模式能否适应环境的变化，在知识经济时代，资本只有依附于知识，才能保值和增值。遗憾的是，组织最大的浪费往往是知识的浪费，每位企业家和管理者都希望自己带领的团队或员工能够把事情做得一次比一次好（见图 1-3 中的虚线，每条小弧线表示一次任务周期中员工能力的改善情况），然而，现实情况是，虽然有所改善，但是基本上从零开始（见图 1-3 中的实线），预期和现状之间有很大的差距，由于企业很难明显地看到这种差距，所以难以警惕并重视起来。

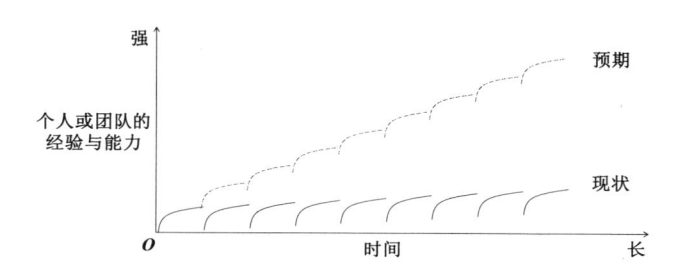

图 1-3　员工能力成长与管理者的预期

虽然在企业中知识浪费的情况很严重，但是这背后隐藏着巨大的机会。如果企业能在避免知识浪费这方面做好做扎实，就能形成真正的竞争优势，这是一种软实力，竞争对手想学也没那么容易学会。

能量守恒，物质不变，而信息与知识将持续爆炸式增长，信息与知识好比一种新资源，谁能够有效应用它，谁就能立于不败之地。

1.5.3　没有知识管理，组织创新就是无源之水

清华大学的陈劲教授是国内研究创新的集大成者，他在《首席创新官手册》中将知识管理作为"创新资源与使能要素"的重要组成部分。创新需要土壤，就像种庄稼一样，没有肥沃的土壤，再好的种子也长不出丰硕的果实，知识管理就是土壤。

同样，华为不但强调创新是华为发展的不竭动力，而且将创新机制融入产品开发和技术开发的整个管理体系中，实现按照流程做就能不断创新的效果。华为有 6 条关于创新的指导方针，其中两条与知识管理有关，例如"开放合作，一杯咖啡吸收宇宙能量"[1]"鲜花插在牛粪上，在继承的基础上创新"[2]。

毛主席曾说："一个问题来了，一个人分析不了，就大家来交换意见，要造成交换意见的空气和作风。我这个人凡事没有办法的时候，就去问同志

---

[1] 黄卫伟主编《以客户为中心：华为公司业务管理纲要》，中信出版社，2016，第 108 页。
[2] 黄卫伟主编《以客户为中心：华为公司业务管理纲要》，中信出版社，2016，第 114 页。

们，问老百姓。打仗也是这样，我们要善于跟同志们交谈。"①"开放合作，一杯咖啡吸收宇宙能量"指的就是创造这种文化，创新一定要开放，文化不开放，就不会努力学习别人的优点。华为的高级干部和专家要多参加国际会议，多和其他国家、其他企业的人"喝咖啡"，与人碰撞，这样才有可能擦出火花，产生新的创意，虽然竞争能使企业不断地创新，但是合作能有效加快创新的进程。纵观国际上的各种知识管理大型沙龙和峰会，除了传统的主题分享，还以世界咖啡的方式组织研讨，让思想互相碰撞，产生新的创意。

"鲜花插在牛粪上，在继承的基础上创新"指的是继承前人的经验，只有继承才能进一步发展，不能没有继承就想着发展；创新不是推翻以前的做法，另搞一套，而是在全面继承的基础上不断优化。华为长期坚持的战略是基于"鲜花插在牛粪上"的战略，从不离开传统，盲目创新，即便有了长远的战略思想，也是在今天的思想上逐步演变，逐步改进。正是因为有了这样的创新指导思想，华为才非常重视管理资料与文档，非常重视总结和沉淀历史经验教训，非常重视提炼和复用最佳实践。

彼得·德鲁克在《创新与企业家精神》②一书中指出了7个创新机遇来源，分别是"意料之外的事件——意外的成功、意外的失败、意外的外部事件""不协调的事件——现实状况与设想或推测的状况不一致的事件""基于程序需要的创新""每个人都未曾注意到的产业结构或市场结构的变化""人口统计数据（人口变化）""认知、意义及情绪上的变化""新知识，包括科学和非科学的新知识"。其中，前4个来源存在于企业内部，如果企业没有良好的复盘习惯，就难以持续发现机会，难以从中受益。

1.5.4 知识管理是打造高效组织氛围的必要条件

团队氛围是人在特定组织中工作的感受。通常，具备良好团队氛围的企业的员工缺勤率、员工稳定度、员工业绩，比氛围一般的企业的要高。从员

---

① 毛泽东：《毛泽东文集（第三卷）》，人民出版社，1996，第398页。
② 彼得·德鲁克：《创新与企业家精神》，蔡文燕译，机械工业出版社，2019，第43页。

第 1 章
在战争中学习战争

工加入团队到与团队共同持续创造卓越绩效的过程，就像攀登一座高山，如果没有办法到达峰顶，结果只有一个，就是"下山"。而盖洛普咨询公司经过大量实践，发现在这个过程中员工会遇到 12 个问题（简称 Q12[①]）。如果企业没有妥善处理这 12 个问题，员工就会"下山"，其中许多问题都与知识管理有关。

例如 Q2——在工作中，我得到了必备的资源支持吗？员工在刚加入团队的时候，除了能够得到各种硬件资源，还必须得到必备的知识资源，如历史项目资料、工作手册、操作指南、应知应会、典型案例、常见问题与解答等，没有这些，员工只能自己试错，或者询问其他员工，导致工作效率低下，难以快速产出成果。如某企业因业务发展需要，在一年里招聘了 100 位总监级别及以上的管理者，通过调研发现在影响管理者快速适应岗位并做出业绩的所有因素当中，"能否第一时间获取与工作相关的资料"排在第一位，所以企业必须高度重视这个问题。

又如 Q6——我觉得有人在帮助我进步吗？Q11——在过去的半年，直接主管有和我谈及我的进步吗？帮助不是管理者代替员工把工作做了，而是在工作开展过程中管理者能否及时为员工提供指导，如辅导员工识别工作开展所面临的风险；指导员工通过有效的渠道获取关键资料、案例和经验教训，少走弯路；在任务完成后与员工一起复盘，分析得失，总结经验教训，支持员工快速调整；在多人协同开展项目性工作时，通过开展项目知识计划、同行协助、复盘等活动，实现干中学，学中干。

还有 Q7——在工作中有人重视我的意见吗？Q9——我所在的团队中，每一位成员都聚焦于高质量的工作吗？Q12——在过去的一年，部门为我提

[①] Q12：Q1——我清楚直接主管对我的工作要求吗？Q2——在工作中，我得到了必备的资源支持吗？Q3——在工作中，我能经常得到发挥才干的机会吗？Q4——在过去的一个月，我的工作能得到直接主管的认可和表扬吗？Q5——我能充分感受到团队的信任和关心吗？Q6——我觉得有人在帮助我进步吗？Q7——在工作中有人重视我的意见吗？Q8——我觉得我的工作对团队来说很重要吗？Q9——我所在的团队中，每一位成员都聚焦于高质量的工作吗？Q10——在团队中，我有非常要好的朋友吗？Q11——在过去的半年，直接主管有和我谈及我的进步吗？Q12——在过去的一年，部门为我提供了学习和成长的机会吗？

供了学习和成长的机会吗？这些都和团队是否有良好的事前借鉴、事中总结、事后固化的知识管理习惯息息相关，所有知识管理活动都要紧密围绕业务开展，都必须遵循"不追责，不评判贡献""人人平等，全员参与""开放、倾听，而非批评""不搞一言堂，不随意打断他人"等原则，确保员工的意见得到有效表达，能够被团队成员有效倾听和理解，进而被接受。也正是在这样的过程中，员工能亲眼看到、亲身感受到整个团队在尽全力高效解决问题，高质量输出成果；员工学习和成长的机会也在这个过程中同时发生。笔者在华为工作了12年，其实个人能力的成长与华为大学没有太大关系，笔者就职期间只参加过华为大学的入职培训，因为华为认为学习是劳动的准备过程，劳动的准备过程是员工自己的事情，所以，华为建立的是干中学、学中干的机制，让员工在战争中学习战争。

1.5.5 知识管理是国与国之间软实力的竞争

大量数据证明，善于学习的组织能够获得更好的回报。MAKE[①]奖是知识管理领域的全球最高荣誉，它就像是知识管理领域的诺贝尔奖，该奖项的设立机构曾对获奖企业在2005—2014年之间的表现进行了长达10年的跟踪与分析，它们发现全球MAKE奖获得者的平均投资回报率远高于世界500强企业的平均投资回报率，如表1-1所示。

表1-1 全球MAKE奖得主的平均投资回报率

指标	数值	是世界500强企业中位数的
股东整体回报率	15.6%	1.5倍
收入回报率	11.9%	3.0倍
资产回报率	9.3%	3.6倍

数据来源：Teleos, 2015 Global Most Admired Knowledge Enterprises(MAKE) Report

PMI（Project Management Institute，项目管理协会）在2015年也披露了一份报告，报告中认为"有效的知识传递=更好的项目成果"。知识传递成效较高的组织，在达成项目目标、按时完成项目、满足预算3个方面的概率比

---

① MAKE：Most Admired Knowledge Enterprise，最受尊敬的知识型组织。

知识传递成效较低的组织要高 20%~30%（见表 1-2），平均每 3 个不成功的项目就有一个（概率为 34%）受到不及时或不准确知识传递的不利影响。

表 1-2　有效的知识传递能提高项目目标达成的概率

维度	知识传递成效较高的组织	知识传递成效较低的组织
达成项目目标	82%	62%
按时完成项目	74%	42%
满足预算	75%	48%

数据来源：PMI 2015 Pulse of the Profession Knowledge Transfer in-Depth Study

2015 年，知识管理被作为基本要求写入 ISO 9001（2015 年版），知识管理不再是一种理念、一种思想，而是全球共识，成为一套切切实实的工作方法。美国的马尔科姆·波多里奇国家质量奖将知识管理列入评奖规则，作为国家竞争战略的有机组成部分，它是 20 世纪 80 年代美国工业被日本工业远远超越时，美国为了反超日本而制定的国家战略，由美国总统为获奖得主颁奖，并一直持续至今，由此可见，美国对知识管理的重视程度之高。

上述内容证明了彼得·德鲁克曾说过的话——"除了在完全垄断的情形下，唯有知识方能赋予企业产品以领先优势，而这一优势最终决定企业的成功与永续"[1]。"知识就是生意"[2]与"顾客就是生意"[3]绝对同样重要。

---

[1] 彼得·德鲁克：《为成果而管理》，刘雪慰、徐孝民译，机械工业出版社，2020，第 101 页。
[2] 同上书，第 125 页。
[3] 同上书，第 101 页。

第 2 章

知识管理的前世今生

知本主义：
用知识管理打造企业护城河

知识管理自古有之，在不同的时期其形式不一样。在农业社会，知识管理是通过口述分享知识，通过记忆存储知识的，后得益于语言文字、造纸术和印刷术的发明，大大提高了记录、存储和分享知识的效率，古代的知识管理主要服务于国家统治。

因为我国古代社会生产力不发达，所以只有国家有能力把足够的人力和物力投入到编撰历史、记录事件、总结经验、收集并整理诸子百家的学说和各种文献等活动中，就自然而然地产生了文献记录、抄录、知识分类等知识管理活动。

其实，我国道家学派的创始人、《道德经》的作者老子，就是从事知识管理工作的老前辈。在公元前551年，老子担任周朝守藏室史一职，负责掌藏国家图籍，相当于现在中国国家图书馆馆长和中国档案馆馆长。

人类进入工业社会后，近代印刷术的推广和教育的普及，极大地加快了社会知识的组织、扩散与创新，而打字机、汽车、电话、无线电的发明与应用，进一步提高了知识收集整理、加工组织、传递与利用的效率。

20世纪90年代，知识管理已经在国外企业中盛行，真正进入我国是2000年年初。那时有一群先驱者，他们怀抱远大的理想，尽最大的努力，希望通过知识管理帮助我国企业得到更快更好的发展，但非常可惜，收效甚微，直到2010年以后，知识管理才逐步在我国大企业中获得阶段性的应用成果，整体局面稍有改观。

尽管如此，时至今日，仍然有许多人不知道知识管理，听过的人也不知道它具体是什么。一些了解知识管理的人认为只有大企业才引入知识管理，之所以有这种看法，是因为只有大企业才会真正认知到组织最大的浪费是经验的浪费，大企业在这方面流过血、吃过亏，所以愿意投入真金白银。中小企业忙于生存，无法顾及这方面，导致对知识管理的认知不是很深刻，最终给人一种错觉——知识管理只有大企业才会做。其实，知识管理就像财务管理一样，凡是企业都需要，大企业做得更系统，小企业把几个基本要求做扎实就好。就像"收入支出表、现金流量表、资产负债表"，无论多大规模的企业都要做好，哪怕非常简单，也有出纳把收入情况和支出情况记清楚。知识管理也一样，企业必须在不同阶段做好相应的工作。

2.1 知识是有效指导行动的信息

什么是知识？这个问题早在 2000 多年前就被人类的先哲思考过。古希腊哲学家柏拉图在《泰阿泰德》一书中对知识的定义进行了探讨，后来又有许多学者、机构对知识的定义进行了说明，遗憾的是，人们对知识的定义并没有达成共识。

既然如此，华为又是如何向员工解释知识的定义的呢？通常，华为的知识管理专家会列出 3 个选项，让员工判断其中哪一项是数据、哪一项是信息、哪一项是知识，如下。

A．女孩：12 岁，体温 40℃，脉搏 119 次/秒。

B．发热的症状：体温>38℃，脉搏>100 次/秒。

C．女孩的体温为 40℃，脉搏为 119 次/秒，符合发热的症状，应该是发热了，需要去医院治疗。

数据是客观的，信息是对事物状态的客观描述，而知识则是用于指导行动的有用的信息和经验。所以，选项 A 是数据，选项 B 是信息，选项 C 是知识。从中可以看出，"什么是知识"并不重要，重要的是如何应用知识解决问题，学以致用才是人们要关注的。

知识的分类有很多种，比较简单的分类将知识分为显性知识和隐性知识（见图 2-1）。显性知识是指人们可以看见、听见甚至摸得着的知识，它以文档、图片、音频、视频、雕刻等形式存在；而隐性知识只存在于人的大脑中，看不见、摸不着，不说出来没有人知道。人类社会的知识更多的是隐性知识，显性知识只占了 20%~30%，越是知识密集型企业或高科技公司，其隐性知

知本主义：
用知识管理打造企业护城河

识所占的比重就越大。

显性知识
我们所写，约占知识总量的20%~30%。

隐性知识
我们所知，约占知识总量的70%~80%。
越是知识密集型企业或高科技公司，
其隐性知识所占的比重就越大。

图 2-1　显性知识与隐性知识

如果组织不能有效利用人脑中的隐性知识，就容易陷入盲人摸象、一叶障目的误区。在第二次世界大战期间，美国海军为了确保执行作战任务的飞机完成任务后能够顺利返航，尝试在飞机的某些部位安装装甲，提升其防御能力。设计团队通过对返航成功的飞机的中弹位置（见图 2-2）进行分析，决定在飞机机翼翼尖、飞机机身中央和飞机电梯等位置安装装甲。而统计学家亚伯拉罕·沃尔德的观点却截然不同，他认为应该在飞机机头、飞机发动机和飞机机身中央安装装甲。到底谁的观点正确呢？亚伯拉罕·沃尔德的观点是正确的。

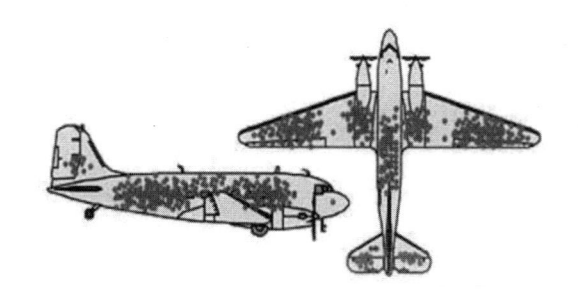

图 2-2　返航成功的飞机的中弹位置分布图

中弹统计数据源于返航成功的飞机，这意味着即使那些部位中弹，飞机也有较大的概率返回军事基地，而没有返航的飞机很有可能是其他地方中弹了，如机头、发动机和机身中央，尽管没有实物证明，但是这个概率非常大。以上案例中有数据（弹孔数）、信息（弹孔的分布位置、返航成功的飞机），而知识都在设计团队和统计学家的头脑中，为什么会产生截然不同的判断呢？显然，两者头脑中的隐性知识的构成不同，统计学家头脑中的隐性知识

第 2 章
知识管理的前世今生

更完整,使得他看待问题的角度更加全面,能够洞察到数据和信息没有揭示完整的事实,从而做出更接近事实的判断。

前面的案例说明了隐性知识对人的影响,当事实相对清晰时仍有如此巨大的差异,何况是数据、信息收集不完整或更复杂的事情呢?由于人们的想法千差万别,所以古人才会说"书不尽言,言不尽意",人们知道的比说出来的多,说出来的比写下来的多。而企业在开展知识管理活动时,既要注重显性知识的收集、整理和分享,又要重视人与人的连接,从而促进隐性知识的传播和应用,其实许多企业只关注到了前者。

随着大量知识管理实践的开展,知识管理的先驱者对知识进行了细分(见图2-3),将其划分为文档、技能、方法、人脉、经验和天赋6种类型。越靠上的知识类型,显性化程度越高,越容易获取和复制;越靠下的知识类型,隐性化程度越高,越依赖个体。

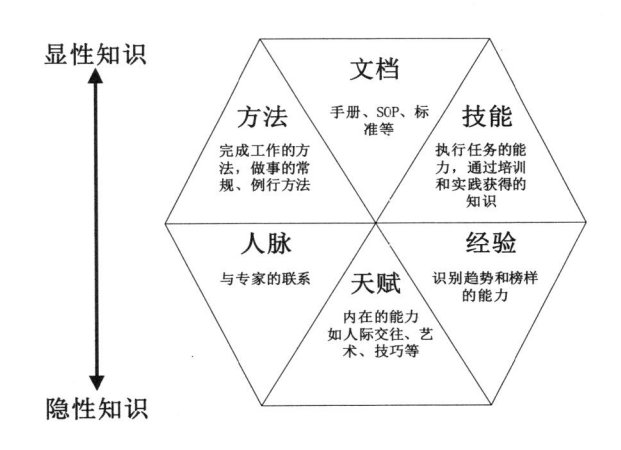

图 2-3 知识的 6 种类型

- 文档。组织中用文字记录的资料(纸件、电子件),如手册、SOP[①]、标准等。
- 技能。个体在某方面的专长,如驾驶汽车、编程,可以通过培训和实践来掌握。

---

① SOP:Standard Operating Procedure,标准作业程序。

知本主义：
用知识管理打造企业护城河

- 方法。人们为了完成一个任务所使用的操作方法，有的已经被显性化，如流程、指导书。与技能相比，方法更宏观一些，相当于用一系列技能来完成任务。
- 人脉。它是指人与人之间连接的强度、广度，与个体高度相关，但在某些情况下也能被显性化，如企业的组织结构、大型项目的成员名单、企业的专家库等。
- 经验。它是指个体在长期实践过程中，形成的对某类事物未来发展结果的判断能力或预见能力，如经常炒鸡蛋，能有效把握火候和时间，避免鸡蛋被炒煳。
- 天赋。它是指个体内在的能力，只能被识别到，尽管可以通过某种方式进行提升，但是无法完全代替。最好的办法就是把有突出天赋的人留在组织内。

知识除了被划分为隐性知识和显性知识，还有其他划分方式，如经济合作与发展组织（OECD）[①]将知识分成 4 类（见图 2-4）。

Know What 知道是什么的知识 指关于事实方面的知识	Know How 知道怎么做的知识 指做某些事情的技能和能力
Know Why 知道为什么的知识 指自然原理和规律方面的科学理论	Know Who 知道是谁的知识 涉及谁知道和谁知道如何做某些事的信息

图 2-4　经济合作与发展组织的知识分类

可以预见，人们对知识的理解越来越深刻，对知识的分类越来越丰富，但无论如何请谨记，知识的定义和分类只是帮助企业对齐认知，关键还是通过"知识管理"帮助组织有效应用知识来创造商业价值。

[①] 经济合作与发展组织（OECD）：《以知识为基础的经济》，机械工业出版社，1997。

2.2 知识管理=复制成功+避免失败+创新适变

笔者记得刚转岗到华为知识管理能力中心不久,某天吃晚饭的时候,笔者的母亲问道:"儿子,你换了个新岗位,是做什么的?"

笔者:"做知识管理。"

笔者的母亲:"什么是知识管理?"

笔者:"管理知识。"

接着,全家人都笑了,这个回答看起来完美,实际上什么也没有说清楚。虽然知识管理这个领域在不断地发展,但是"什么是知识管理"这个问题并没有得到有效的回答,不同的企业、机构、学者都有不同的理解,以下是业界认可度较高的 3 类定义。

APQC(American Productiovity and Quality Center,美国生产力与质量中心)是全球制定知识管理标准,整合和传播知识管理最佳实践的权威机构,它对知识管理的英文定义是"knowledge management(KM)is a collection of systematic approaches to help information and knowledge flow to and between the right people at the right time(in the right format at the right cost)so they can act more efficiently and effectively to create value for the organization"[①],简单地说,知识管理就是在正确的时间将正确的知识传送给正确的人,帮助组织高效地创造价值。

华为认为知识管理就是通过对显性知识、经验及集体知识进行管理,提升业务效率、产品或服务质量,打造企业持久竞争力的一系列活动。知识管理是一套管理体系,涉及人、流程、技术、管控等管理要素,是企业的一种管理视角和解决方案,是提高组织能力和竞争力的综合实践,是关于人的,不是关于技术的。用一句话讲就是"知识指导行动,行动产生新知",将知识与绩效形成一个循环,让它快速转动(见图 2-5)。笔者记得为了帮助华为

---

① 这段英文定义出自 APQC 官网,访问路径为:APQC 首页 > Menu > Expertise > Knowledge Management > What is Knowledge Management。

> **知本主义：**
> 用知识管理打造企业护城河

的普通员工更好地理解什么是知识管理，华为的知识管理人员想了很多办法。在向员工解释时，就说知识管理是做前学、做中学和做后学；在向管理者解释时，就说知识管理是经验案例化、案例工具化、工具产品化、产品智能化。

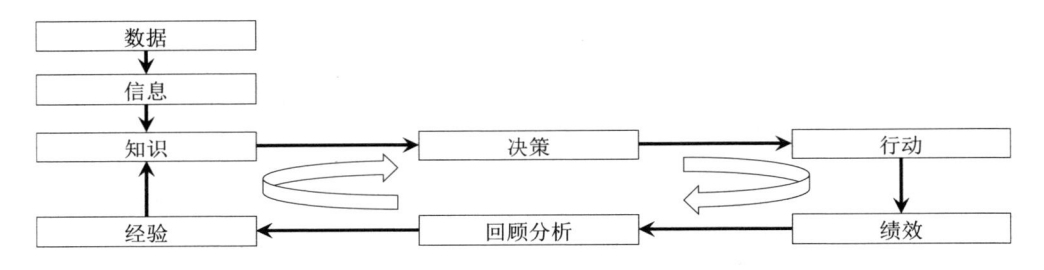

```
数据 → 信息 → 知识 → 决策 → 行动
              ↕              
            经验 → 回顾分析 → 绩效
```

图 2-5　华为对知识管理的理解

PMI 在《项目管理知识体系指南（PMBOK®指南）（第六版）》中指出："从组织的角度来看，知识管理指的是确保项目团队和其他相关方的技能、经验和专业知识在项目开始之前、开展期间和结束之后得到运用。"

到底什么是知识管理？笔者通过大量实践总结得出，知识管理是通过事前借鉴、事中总结、事后固化的方法，确保在正确的时间、正确的地点把有效的知识传递给需要的人，帮助组织有效复制过往的成功，避免重犯历史错误，进而高效创新适应环境变化，简而言之，知识管理=复制成功+避免失败+创新适变。

2.3　知识管理与培训、档案管理和流程管理的异同

企业中有 3 类工作和知识管理息息相关，它们是培训、档案管理、流程管理，它们之间既有相通之处，又各有侧重。

很多时候，当企业谈到人员能力提升时，第一反应是对员工进行培训，事实上企业需要的是知识管理。知识管理与培训的异同主要体现在 3 个方面，如图 2-6 所示。

第 2 章
知识管理的前世今生

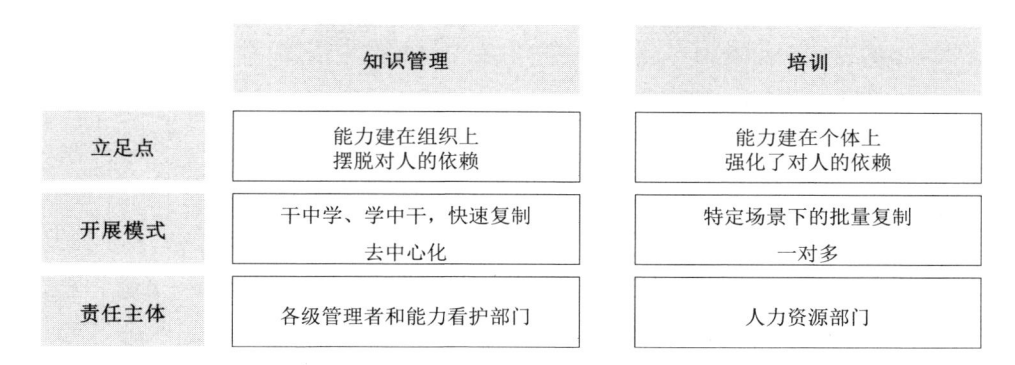

	知识管理	培训
立足点	能力建在组织上 摆脱对人的依赖	能力建在个体上 强化了对人的依赖
开展模式	干中学、学中干，快速复制 去中心化	特定场景下的批量复制 一对多
责任主体	各级管理者和能力看护部门	人力资源部门

图 2-6 知识管理与培训的异同

① 立足点。企业开展知识管理是想把能力建在组织上，从而摆脱对人的依赖，实现铁打的营盘流水的兵；而培训恰恰相反，它是通过提升员工的能力来解决问题，某种程度上增加了组织对员工的依赖。

② 开展模式。知识管理强调干中学、学中干，强调经验教训的快速总结、传播和应用，是一种去中心化的互相学习模式；培训是对知识进行系统整理后批量赋能的方法，是一对多的教学模式，只适用于相对确定的场景。

③ 责任主体。知识管理的责任主体是各级管理者和企业的能力看护部门[①]；培训通常由人力资源部门主导建设和运营。

尽管知识管理与培训之间存在差异，但是并不意味着它们是对立的关系，实际上两者是包含关系，培训是企业开展知识管理的常用方法，是对高度标准化、成熟化的知识进行快速传播的有效形式。从表面来看，知识管理让企业摆脱对人的依赖，又因为知识管理把能力建立在组织上，所以员工更容易获得知识，反而成长得更快，企业培训的效果更明显。企业只有在不断夯实知识管理的基础上开展培训，才能进入良性循环。

知识管理与档案管理的异同如图 2-7 所示。在知识管理中，知识是指导人们有效行动的信息，它客观存在，既可以存储在文档、音频、视频中，也可以保存在人脑中。在档案管理中，档案是企业为了规避风险而进行管理的

---

① 能力看护部门：承担对应业务领域的能力建设与赋能职责，部分企业称之为能力中心，如华为的项目管理能力中心、知识管理能力中心。

知本主义：
用知识管理打造企业护城河

资料，通常为文档、电子文件、视频等介质材料。档案中有知识，档案是知识的一种存储方式，两者有交集，但档案不等于知识。

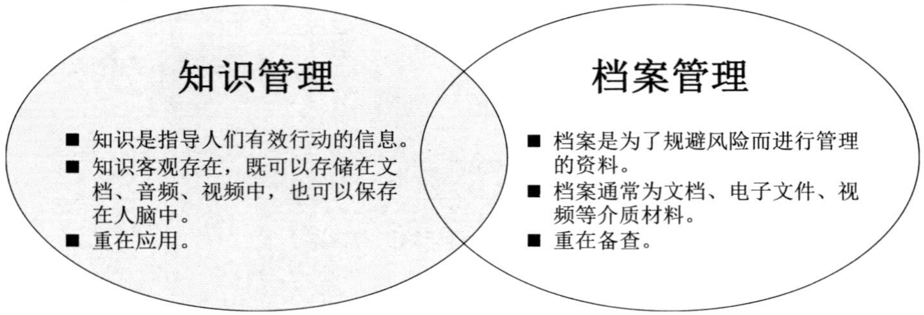

知识管理
- 知识是指导人们有效行动的信息。
- 知识客观存在，既可以存储在文档、音频、视频中，也可以保存在人脑中。
- 重在应用。

档案管理
- 档案是为了规避风险而进行管理的资料。
- 档案通常为文档、电子文件、视频等介质材料。
- 重在备查。

图 2-7 知识管理与档案管理的异同

知识管理与档案管理最大的差异是管理目的不同，知识管理重在应用，档案管理重在备查。知识管理重点关注企业能否形成有效的知识供给机制，能否高效传承经验，能否学以致用，能否群策群力解决业务问题。档案管理重点关注责任、权利等资料的归档完整性、及时性，以及查阅是否高效，并控制扩散范围。总的来说，知识管理与档案管理有交集，前者聚焦应用，后者关注风险。

AMT 企源研究院院长、西利企源产教融合公司首席执行官葛新红曾用一句话形象地描述了知识与流程的区别——流程是管道，知识是活水。流程是一系列优秀实践的组合，是知识的载体和呈现形式，是企业进行计划、组织、执行、监督的程序，承载了一系列管理动作和要求，而知识只是其中的一个考虑要素。流程管理是企业开展知识管理的基础，知识管理能有效促进流程的快速迭代和优化，同时，两者都是企业变革的重要因素，原则上都是由企业变革管理部门主导其体系建设，如华为的流程管理与知识管理的体系建设责任部门就设置在质量与流程 IT 管理部，该部门主要负责华为变革工作的规划和实施。

对于一家企业来说，如果企业规模不大，知识管理的职能就可以和人力资源、档案管理、流程管理之中任何一个的职能合并，笔者推荐与流程管理的职能合并，因为它更导向知识的应用。

2.4　现代组织开展知识管理的4个阶段

按照现代组织对知识管理的理解和科学技术对知识管理的推动，开展知识管理可分为4个阶段[1]，如图2-8所示。每个阶段都是对上一阶段的经验教训、最佳实践的继承和发展，通过对照该图，企业可以分析自己大概处于哪一阶段，从而找到正确的突破方向或思路。

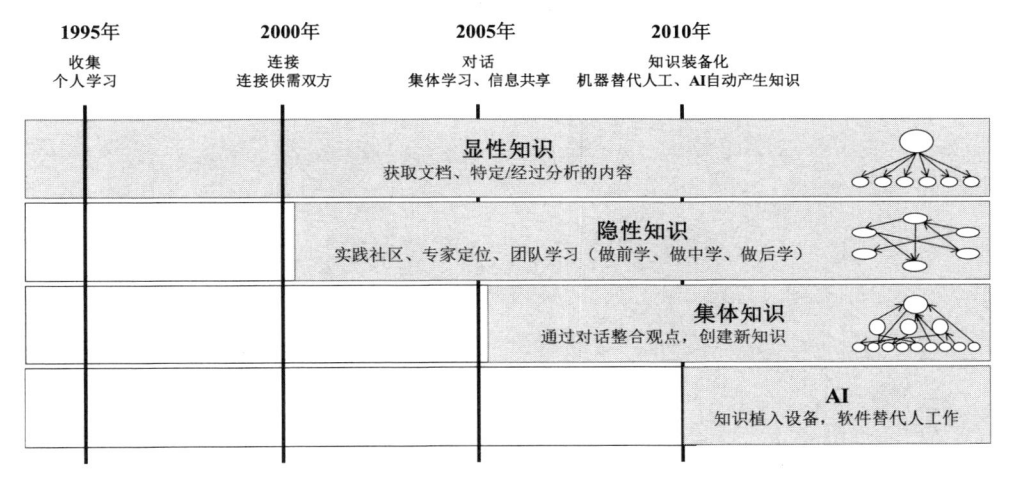

1995年	2000年	2005年	2010年
收集	连接	对话	知识装备化
个人学习	连接供需双方	集体学习、信息共享	机器替代人工、AI自动产生知识

显性知识
获取文档、特定/经过分析的内容

隐性知识
实践社区、专家定位、团队学习（做前学、做中学、做后学）

集体知识
通过对话整合观点，创建新知识

AI
知识植入设备，软件替代人工作

图2-8　现代组织开展知识管理的4个阶段

1993年，彼得·德鲁克指出："知识社会真正支配性的资源、决定性的生产要素，既不是资本、土地，也不是劳动力，而是知识。"[2]后来业界逐步认同这个观点，认为知识非常重要，需要采取行动来管理知识。

为解决知识分散在组织各个地方这一现状，组织需要一个类似仓库或图书馆那样的地方，把组织的所有知识都放到里面，当员工有需要时，可以随时查找，因为管理对象是各种文档资料，所以这种管理方式叫作显性知识管理。

于是，许多企业开始构建庞大的知识库，把企业政策、操作流程、经

---

[1] 因为我国业界的知识管理起步较晚，所以对知识管理的划分以西方发达国家知识管理的发展历程为主。

[2] 彼得·德鲁克：《知识社会》，赵巍译，机械工业出版社，2021，第6页。

知本主义：
用知识管理打造企业护城河

验教训、行业最佳实践等各种信息放入知识库。后来，事实表明这种管理方式无法达到预期效果，受知识更新不及时、搜索引擎技术不成熟等的影响，员工无法快速在知识库中找到自己想要的高质量内容，使用知识库的愿意较低。

企业管理者发现这些情况后，又利用各种激励方法让员工将知识存储到知识库中，或者从知识库中获取知识，即使这样，情况也没有得到改善。后来，一些企业开始通过强制手段进行管理，例如要求每个人每个月必须存储3条经验教训到知识库中，因为以前的搜索引擎技术不成熟，所以员工开展项目时不得不把知识库中所有的经验教训搜索一遍。虽然员工会执行企业的要求，但是存放到知识库中的内容并不是开展项目的团队需要的，所以强制手段收效甚微。

此时，还有一股重要的外部力量推动着企业的知识管理建设，如安永、IBM（International Business Machines Corporation，国际商业机器公司）等大型咨询公司，它们从中看到了商机。如果企业有把知识存放到知识库的需要，那么咨询公司可以把自己的数据库及相关方案卖给对方。当事实证明庞大的知识库的作用并不明显时，大型咨询公司就会慢慢地离开这一领域，知识管理的第一波高峰也随之过去。

在这时候，随着万维网兴起，人们可以和位于全球任何地方的朋友交流，这就为同行之间相互交流和学习创造了条件。2002年，埃蒂纳·温格、理查德·麦克德马、威廉姆·M.施奈德共同出版了《实践社团：学习型组织知识管理指南》，从该书中可知，企业中的员工可以通过实践社团的方式获得其他同行的帮助，了解他人的最新发现，探索新的技术，甚至能吸引员工形成一种非正式的社团，共同将获取的经验形成文件，将领域内的实践标准化，向新员工传授知识及开展其他促进组织知识分享和应用的活动。此时，人们开始意识到，知识库中的知识是显性知识，除此之外，还有大量隐性知识存在于人们的头脑中。显性知识只是知识中很小的一部分，比较重要的是存在于人们头脑中的没有被写下来的隐性知识。

于是，人们开始考虑项目或团队如何学习，接着，做前学、做中学和做后学这些学习方法逐步被总结出来，并得到广泛应用。所有方法的本质都是一群人聚到一起思考"我们刚刚做了什么、我们学到了什么、我们要怎么改进",这些以人与人的对话为基础。在不断思考、实践和改善的过程中,隐性知识管理的方式和方法日趋成熟,例如最早开始创建社区的时候,人们并不知道需要一位辅导员,因此许多初期的社区虽然都很有趣,但没有为组织带来价值。随着工作的不断开展,企业认识到社区需要一位赞助人,需要聚焦业务问题,需要辅导员,这样才能为组织带来真正的价值。

无论是显性知识管理,还是隐性知识管理,知识主要在基层员工之间横向流动,虽然组织中的基层员工有很好的创新想法,但是它很难传递到组织的最高层。直到 2005 年,随着 Web 2.0 技术的出现和普及,企业中知识的纵向流动变为可能,如 IBM 通过创意果酱将员工的创意汇聚在一起,使高层员工看到基层员工的创新想法,高层员工可以通过聆听一线的呼声,激发出更多创新。有的企业通过汇聚集体智慧解决此前长期未能解决的重大问题,如保留员工、提高产品质量、制定科学有效的策略等。我们将这种汇聚集体智慧进行创新或解决问题的知识管理做法称为集体智慧管理。

随着计算机、搜索引擎、知识图谱、云计算、大数据、人工智能等技术的持续发展,人们可以更便捷、更快速地获取自己想要的知识。尤其是 ChatGPT 等 AI(Artificial Intelligence,人工智能)大模型的出现,使社会进入 AI 知识管理时代,在某些领域,知识植入设备,软件替代人工作已经成为一种可能,知识已经可以通过技术直接创造价值。尽管如此,如何在企业中有效应用新技术和新方法才刚刚起步。

从现代知识管理的发展历程中可以看出,人们对知识管理的理解经历了从管理能够写下来的显性知识到人们头脑中的隐性知识,再到整个组织的感知决策能力这一系列的持续演化,科学技术在中间起到了巨大的推动作用。

非常有意思的是,一些企业开展知识管理活动的时候,首先想到的仍是收集所有显性知识,将其放到知识库中,哪怕经过了许多年的发展,人们已经意识到这样做的局限性,这些企业还是会把学习过程重复一遍,直到有一天他们发现,只开展显性知识管理不能满足企业的需求,还要开展隐性知识管理,学会利用集体智慧。

第 3 章
华为公司最大的浪费是经验的浪费

知本主义：
用知识管理打造企业护城河

华为是一家非常重视经验传承、开放吸收、学以致用的企业，从企业管理者的经营思想中就可以直观地感受到。

> **《要从必然王国，走向自由王国》**
>
> 华为经历了十年的发展，有什么东西可以继续保留，有什么东西必须扬弃，我们又能从业界最佳吸收什么。如何批判地继承传统，又如何在创新的同时，承先启后，继往开来。继承与发展，是我们第二次创业的主要问题。
>
> 华为走过的十年是曲折崎岖的十年，教训多于经验，在失败中探寻到前进的微光，不屈不挠地、艰难困苦地走过了第一次创业的历史阶段。这些宝贵的失败教训，与不可以完全放大的经验，都是第二次创业的宝贵的精神食粮。当我们第二次创业，走向规模化经营的时候，面对的是国际强手，他们又有许多十分宝贵的经营思想与理论，可以供我们参考。如何将我们十年的宝贵而痛苦的积累与探索，在吸收业界最佳的思想与方法后，再提升一步，成为指导我们前进的理论，以避免陷入经验主义，这是我们制定"公司基本法"的基本立场……
>
> 华为第一次创业的特点，是靠企业家行为，为了抓住机会，不顾手中资源，奋力牵引，凭着第一、第二代创业者的艰苦奋斗、远见卓识、超人的胆略，使公司从小发展到初具规模。第二次创业的目标就是可持续发展，要用十年时间使各项工作与国际接轨。它的特点是淡化企业家的个人色彩，强化职业化管理。把人格魅力、牵引精神、个人推动力变成一种氛围，使它形成一个场，以推动和导向企业的正确发展。

在以上经营思想的指导下，华为在很早的时候就要求员工写案例、分享案例，甚至将这个要求作为员工任职资格的基本条件，在"以岗定级，以级定薪，人岗匹配，易岗易薪"的薪资管理体系下，写案例这件事情基本上与员工升职加薪绑定在一起，且执行过程非常严格，案例必须经过专家评审，

第 3 章
华为公司最大的浪费是经验的浪费

低于一定分数的不能用于任职资格举证。可以说，华为是举全公司之力开展经验教训管理（见图3-1）。

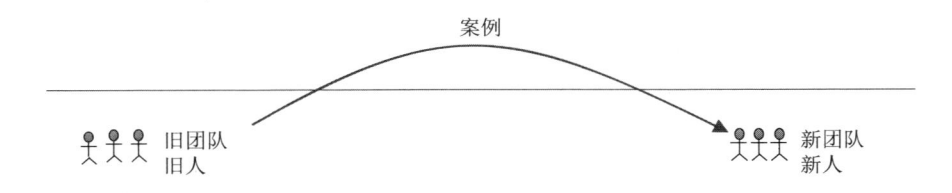

图 3-1 华为通过任职资格牵引经验传承

结果如何呢？在系统分析和对标学习之后，结果让华为的知识管理团队目瞪口呆（见图3-2）。通过任职资格牵引员工写案例，产生了一个非常有意思的现象，就是经验丰富、入职时间较长的老员工基本不太在意写案例这件事情，因为老员工的任职资格已经到了一定的瓶颈，想提高并不容易，至少短期内老员工在没有突出业绩的情况下很难晋升，所以老员工写案例的动力不足。愿意写案例的反而是入职时间不长、级别比较低的新员工，因为他们迫切希望提升自己的薪资待遇。于是，整个组织比较有价值的经验在总结阶段就被损耗掉了。

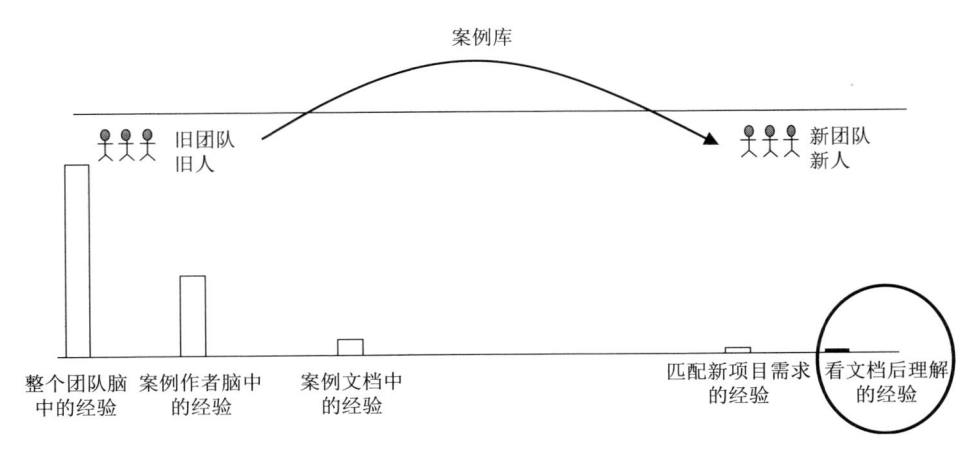

图 3-2 经验在传承过程中层层损耗

受人脑存储信息、知识的生理结构的影响，人脑中的隐性知识是离散的，甚至员工都不清楚自己知道哪些内容，这导致员工只能把自己意识到的那部

知本主义：
用知识管理打造企业护城河

分记录下来，为了确保记录下来的内容能以结构化的、易于理解的方式呈现，不得不舍弃部分难以嵌入这套结构的知识，这又进一步损耗了组织经验。

当新项目团队从案例库中获取知识时，会发现一篇案例中能被自己所用的内容非常少，如3000字的案例中只有300字左右的内容具有参考价值；同时，因为不同的人理解能力、实践能力不同，所以能被消化、吸收和应用的知识变得很少，组织经验再次被损耗。

根据案例库统计数据可知，浏览量超过100次的案例仅占案例总量的5%，这意味着真正做项目的时候员工很少去案例库查询案例。

怎么办？

让每个项目都提交20万字的总结吗？不现实，项目团队没有那么多时间。新项目团队也没有那么多时间学习历史项目资料。

强制要求员工每年至少写10篇案例吗？不行，这样做的结果多半是员工应付了事，只会浪费组织有限的宝贵资源。

例行组织案例分享会，还邀请员工参加吗？邀请，这与员工平常在案例库中查找案例一样，换汤不换药，邀请员工参加案例分享会时比较常见的回复是"忙项目，没时间"。

加大推送案例的力度，每天推送一篇案例给员工吗？公司每天推送一篇案例，一些员工只能不理睬这些案例或者将邮箱设置为免打扰，甚至将电子邮件的收件自动处理规则改成"凡是此类邮件直接转到垃圾箱"。

把案例开发成课程，例行给员工培训吗？这个或许有用，但前提是公司建立了分层分级的培训赋能体系，且基于业务场景开展过系统分析。即便如此，也仅能覆盖少数案例。

面对挑战，华为是如何应对的呢？先向业界的标杆组织学习，再结合华为自身特点，形成自己的知识管理解决方案，从试点验证开始，到扩大试点并完善，再全面推行知识管理解决方案，春风化雨，润物无声，一步一步地将它转化为组织日常运作的基本活动，最后将它转化为员工日常工作的基本要求。

第 3 章
华为公司最大的浪费是经验的浪费

3.1 掌握 3 个基本原则，所有人都能实现绩效翻倍

在发布一种新药之前，制药企业必须开展双盲对照试验[①]，检验新药的疗效，通过一定规模的试验后，得出相对稳定的测量数据，最后确定新药的有效性和适用范围。普通企业由于资源有限，很难像制药企业一样去论证项目开展的成效，大部分情况下，只允许成立一个项目团队开展工作，所以企业很难判断一个项目团队的工作成效是高还是低，难以发现或感知到知识、经验浪费给组织带来的损失。

为了让管理者和员工充分认知这个问题，深刻理解知识管理的价值和意义，华为特别开设了一门知识管理启智培训课程，并通过项目沙盘的方式将这个问题直观地呈现出来。首先，学员以小组为单位使用讲师提供的道具盖塔，要求盖得又高又稳，使其能经受住"台风"和"地震"的考验，当然，这不是真实的自然灾害，而是通过吹风机等道具进行模拟。为了确保盖塔时能反映每个小组的真实水平，讲师把各个小组安排到互相看不到的地方，这样各个小组只能通过自己的思考和协作来盖塔。任务完成后，学员会看到同样的任务，不同的团队做，绩效相差甚远，最好成绩和最差成绩甚至相差一倍。

接着，讲师安排各个小组进行复盘，每个小组都能找出一些可以改进的地方，然后让各个小组互相学习优秀做法，往往在这时候，每个小组都能找到一些需要改进的地方。最后，向学员分享盖塔的最佳做法，并安排所有小组再盖一次，此时学员发现所有小组都能实现绩效翻倍。

每次沙盘演练笔者都会把数据记录下来，一次沙盘演练分为 4~6 个小组，近 500 个小组的数据显示两次盖塔的平均绩效改善为 2.45 倍，平均绩效改善最大为 4.94 倍，这就是知识管理为企业带来的收益，越是复杂的工

[①] 双盲对照试验，是指在试验过程中，测验者与被测验者都不知道被测验者所属的组别（实验组或对照组），测验者在分析资料时，通常也不知道正在分析的资料属于哪一组。旨在消除可能出现在测验者和被测验者的意识中的主观偏差和个人偏好。在大多数情况下，双盲对照试验要求达到非常高的科学严格程度。

作,越是知识密集型的工作,收益越大。

实现绩效翻倍要遵循3个基本原则(见图3-3),所有知识管理的方法都是围绕这3个基本原则开展的,它们是在战争中学习战争的核心。

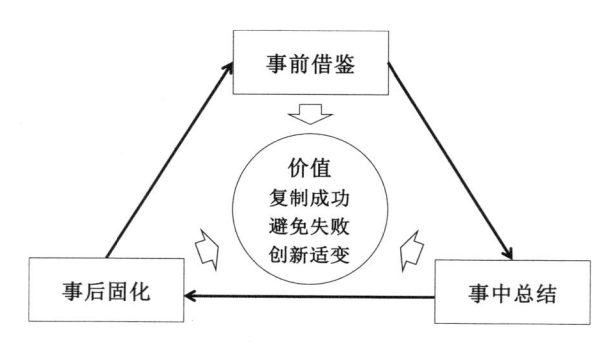

图3-3　3个基本原则实现绩效翻倍

第一个原则是事前借鉴。企业在做任何事情之前要尽可能地寻找业界最佳实践,学习最佳做法,跳过试错过程,站在前人的肩膀上快速行动,这个做法有很大可能让员工第一次做出的成果就与业界最佳水平一样好。如果找不到业界最佳实践,就与同行交流,学习他们的做法,虽然他们的做法不是整体最优的,但是每个人都有可取之处,员工可以借鉴他们的优秀做法,将其整合成一套最佳实践方法,从而超越同行。

华为是一家非常善于事前借鉴的企业,华为消费者BG(Business Group,业务组)做自有品牌手机的时候,对面向消费者的销售打法并不清楚,于是华为从外部招聘相关的专家开展销售工作,并定下一个规则——他们是专业的,他们说怎么做,我们就怎么做。后来,华为发现小米科技的线上营销、粉丝营销做得很好,马上又向小米科技学习,于是有了花粉社区;接着发现苹果公司的线下旗舰店很厉害,又学习苹果公司的做法开设自己的旗舰店;再后来发现OPPO、vivo的传统渠道销售做得非常好,于是又向OPPO、vivo学习。华为通过不断地向同行学习,向友商学习,最终形成了一套线上线下的立体销售网络,实现从追赶竞争对手到引领行业的转变。

第二个原则是事中总结。它主要是指企业每做一件事情都要及时复盘、总结、反思,提炼关键的经验教训,坚持做得好的,改善做得不好的,快速

第 3 章
华为公司最大的浪费是经验的浪费

调整，让工作结果向更好的方向发展。许多人认为复盘是事情做完之后才进行的，那样只能帮助我们下一次做得更好，真正的复盘是在开展任务的过程中分阶段进行及时回顾，一边总结反思，一边调整改善。

例如，华为某产品开发团队曾面临重重挑战，业绩始终排在产品线的倒数位置，开发团队通过持续、高频地开展事后回顾，迅速改变业绩，实现从"吊尾车"到"排头兵"的华丽转身，这款产品版本发布周期从迭代一平均延期 5 天，到迭代二平均延期 1.16 天，再到 L 版本进度零偏差，一年之后，做到 1.5 个月发布一个版本，整个产品线排名第一；版本质量问题从峰值 702 个下降到每次测试只有十几个。对于团队成员来说，让人欣喜的是从刚开始经常通宵工作到后来几乎不需要通宵工作，在整个版本开发过程中，开发团队累计开展事后回顾 38 次，工作做得越来越好。

第三个原则是事后固化。它主要是指企业在完成事情后，将可复制的经验教训和业界最佳实践以流程、工具、模板甚至 IT 系统的方式固化、标准化，这样以后再做类似工作时，事前借鉴就有基础了。

华为营销"铁三角"的诞生就是经典案例。2006 年 8 月，华为北部非洲地区部 S 国代表处投标 S 电信公司某重大项目失败，于是进行复盘，分析到底是哪里出现了问题，应该如何改进。复盘时发现了 3 个重要问题，第一，一线与总部之间的协作效率低，一线员工抱怨他们 70%的时间都耗费在了解到货情况和资源调动上，在客户侧投入的时间和资源不足；第二，客户侧接口不统一，不同部门各自为战，缺乏充分、有效的信息沟通与共享，会计部门的员工不知道交付信息和价格信息，交付部门的员工不知道客户信息和产品信息，导致不同部门对客户的承诺不一致；第三，华为缺少了解全局的专家，虽然华为在每个领域都安排了专家，但是没有人能说清楚整体解决方案。客户的首席技术官曾对华为抱怨："我们要的不是一张数通网，不是一张核心网，更不是一张 TK[①]网，我们要的是一张可运营的电信网。"

[①] TK：Turn Key，即交钥匙工程，客户委托华为全权负责电信网络的建设，在符合合同交付要求后一次性移交给客户，对建设能力较弱的电信运营是一种比较好的解决方案。

知本主义：
用知识管理打造企业护城河

华为北部非洲地区部 S 国代表处痛定思痛，决定由客户经理、解决方案经理、交付经理组成"铁三角"，打破各部门原有的边界束缚，围绕客户需求，有效协同客户关系、产品与解决方案、交付与服务、商务合同、融资回款等独立部门，统一客户接口。2007 年，凭借"铁三角"模式，华为成功中标 S 电信公司在 A 国的移动通信网络项目。接着，"铁三角"实践获得成功的报告被递交给华为高层管理者，此时，华为正为营销体系变革头痛不已，这份报告让大家看到了曙光，从而有了"左手铁三角组织，右手 LTC 营销流程"的说法，这次自下而上的复盘直接加速了华为营销体系变革的进程。

通过事前借鉴、事中总结、事后固化不断地循环往复，企业就能有效复制过往的成功，避免重犯历史错误，进而创新适应环境变化。事前借鉴、事中总结、事后固化这 3 个原则，一听就懂，一看就会，一动手就有收益，但问题却是员工工作时没有做，没有系统地做，没有持续地做。

例如，某公司的主营业务是为其他企业提供工程服务，笔者与这家公司的创始人交流后得知，对方认为自家销售团队的能力比较差，主要靠自己找订单，感觉非常累，而且业务规模越大，自己越累，希望能够得到帮助。

于是，笔者去他的公司了解情况，并从知识管理的角度进行了诊断，一进入会场，6 位销售人员就开始讲解公司的产品，讲了约 20 分钟，该公司创始人对讲解不满意，要求员工周末好好思考，加班加点改一个版本，下周一再汇报，还明确指出必须在现有基础上有所提高。

此时，大家会作何感想？大部分员工心里肯定很不高兴，因为他们在周末安排了各种期待已久的事情，好不容易熬到星期五快要下班时，老板突然要求周末加班，大家恨不得炒老板鱿鱼啊！至此，他们内部的互动就结束了，于是笔者开始和大家交流，分析问题到底出在哪里，笔者一共问了他们 5 个问题。

笔者："请问在座的各位有在大学本科或研究生期间学习营销专业的吗？"

销售人员："没有。"

笔者："请问大家在上一家公司是否参加过市场营销方面的培训？"

销售人员："没有。"

笔者："请问大家有没有了解过自己所处行业头部企业的产品介绍资料？"

销售人员："没有。"（只有一位销售人员看过某家非头部企业的产品介绍资料。）

笔者："请问大家有没有了解过从事大客户销售的标杆组织是如何做产品介绍的？"

销售："没有。"

笔者："请问刚才讲的产品介绍资料是针对客户企业里面的哪个角色？是老板、技术总监还是采购总监？"

销售："不清楚。"

到这里，这家公司的问题已经非常清楚了。他们没有开展事前借鉴，全靠自己摸索，所以改进慢。他们在项目开展过程中没有及时总结、复盘，没有分析问题和原因，于是陷入"老板不满意，员工加班"的恶性循环，正所谓"一个坏习惯，累坏老板，折腾销售"。接下来的一小时，笔者为他们讲解了大客户销售的营销打法，无论是老板还是营销团队成员，都认真做笔记，他们的收获很大。

上面这个案例不是特例，笔者与不少中小企业的创始人交流时发现很多类似情况。尽管企业成立初期面对的主要问题是生存问题，还是要遵循基本的经营管理逻辑，就像人必须吃饭、睡觉一样，偶尔少吃一顿、少睡一会儿，问题不大，但经常这样，身体一定会出现问题。学习是一个组织一定不能落下的事情，并且必须进行有效学习，它不是老板一个人每天出去参加培训和交流，而是建立一套组织学习的机制。

3.2 建立人与人之间的连接和知识的收集同等重要

许多企业在开展知识管理活动时，关注的是知识的收集、整理、分享和

知本主义：
用知识管理打造企业护城河

获取，希望建立一个系统且全面的知识库，把所有知识都放入知识库中，员工遇到问题可以随时到知识库中查阅，得到自己想要的答案，简单地说，就是建立一部企业内部的"百科全书"。

2011年，当时笔者所在的华为产品线正在进行商业模式转型，华为对一线员工的能力提出了新的要求，当时产品线的思路是建立一个指导员工和组织自学的图书馆。于是，华为投入大量资源对企业级知识分享平台上的3000多篇文档进行了系统梳理，沿着员工日常工作流进行知识呈现，同时还请IT开发了专题页面，提升员工的知识获取体验。这项工作花了将近一年的时间才完成，图书馆上线后其访问量和使用量非常低，从一线员工的反馈来看，没有达成产品线最初的目标，这件事情再次凸显了华为案例库的运营窘境，再次论证了仅做显性知识管理还不够。

为什么付出了那么大的代价，取得的效果却不明显呢？因为这种做法忽略了隐性知识的客观存在和价值，忽视了人与人之间的连接（见图3-4）。

	Connect 人	Collect 知识库
人	直接沟通	收集
知识库	发布/查阅	整理

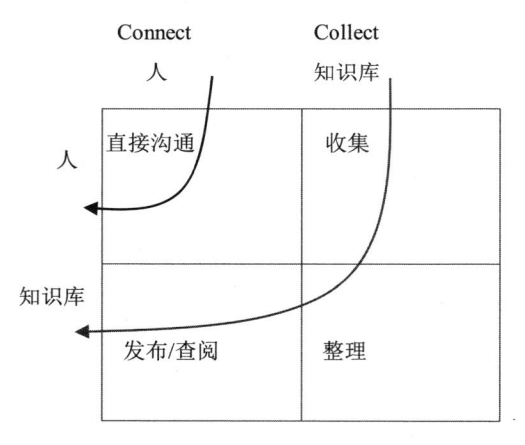

图3-4 建立人与人之间的连接和知识的收集同等重要

在知识管理领域获得成功的标杆组织告诉我们，没有人与人之间的连接（Connect），只开展知识的收集（Collect），是无本之木、无源之水，隐性经验远多于显性文本，绝对不可能让每个项目都做20万字的总结。把所有的项目经验都记录下来这条路走不通。我们必须认识到，人与人之间的直接沟通能够使双方有足够的信任，很多重要内容只适合面对面交流，不适合记录，

"心理安全"是坦诚沟通的重要前提；而且，只有人与人之间的直接沟通，才可以迅速匹配需求，把有效的内容记录成文字才会更加有的放矢；重要的是，直接沟通能够充分地调动潜藏在旧项目中的隐性经验或专家脑中的隐性经验，为当前的新项目提供帮助，写出来的东西只是"经历"，解决新问题的东西才是"经验"。

因此，企业必须创造各种机会，组织各种活动，帮助员工互相认识，让员工在对话的过程中建立信任，就像人们在网络上交朋友一样，两个人交流时间长了，就会线下见一次面，这样才能建立深厚的友谊。接着，通过对话现场解决业务问题，实现经验的快速传递，将有价值的内容和具备重复使用价值的内容整理成文字，供他人和后来者学习。大量被证明有效的知识管理方法都是以面对面对话的方式开展的，越是变化快的领域，越是知识密集型的领域，越要采用这种方式。

3.3 华为知识管理，在探索中前行，在波折中发展

知识管理是华为的基因之一，华为在 1998 年发布《华为公司基本法》时提出了"知本主义"的概念，确定了知识这一生产要素对华为的价值和意义。

在华为公司，一个突破性的观点就是劳动、知识、企业家和资本创造了公司的全部价值……知识经济时代，企业生存和发展的方式发生了根本的变化，过去是资本雇佣劳动，资本在价值创造要素中占有支配地位。而在知识经济时代是知识雇佣资本，知识产权和技术诀窍的价值和支配力超过了资本，资本只有依附于知识，才能保值和增值。

也是在这一时期，华为指出："华为公司最大的浪费是经验的浪费。"必须不断地总结经验，有所发现，有所创造，有所前进；必须通过写案例总结经验、共享经验、开阔视野。任正非在不同时期的多次讲话中都谈到了总结经验的重要性，如"失败并不可怕，关键是要吸取教训""我们要善于总结

知本主义：
用知识管理打造企业护城河

经验，要开放""要把经验写出来，年轻人看了案例，上战场再对比一次，就升华了""一定要在战争中学会战争，一定要在游泳中学会游泳""学员在一个圈一个圈中互动，比单纯的教师与学员互动还要好""项目做完了不输出案例就等于浪费"。

早期，华为在产品开发过程中出现过"边打边丢"的情况，员工只顾着写代码，没有注释，没有说明文档，人一换，没人知道当时为什么要这样设计，即使当事人还在，时间久了，也记不清楚当时的情况了。于是，华为提出"没有文档的工作，是无效的工作"，写文档一定会消耗部分资源和精力，但不写文档，企业就没有未来，因为未来由今天创造。

随着 1998 年华为 IPD（Integrated Product Development，集成产品开发）变革的开展，以 IBM 为代表的国外优秀企业长期实践的知识管理做法也随之进入华为，尽管这时大家还不知道什么是知识管理，但是华为已经在践行了。

在这一时期，我国互联网才刚刚兴起，当时研发体系用于信息流转的软件是 IBM 的 Lotus Notes，该系统提供了自定义 App 的功能，企业可以依据自己的需要开发 App，并发布到 Lotus Notes 上面供用户使用，这个过程与在智能手机上发布新的 App 一样，这些 App 中有"研发技术论坛""研发 IT 支撑之窗"等板块，华为的员工通过这些板块讨论各种技术问题，参与讨论的人员甚至互相之间没有见过面，但并不妨碍交流和探讨的热情。很多研发人员宁可中午不休息，也要在上面讨论、交流，推动产品痛点问题的解决和创新，这甚至成为老一代华为研发人员心中永不褪色的珍贵记忆。

可惜的是，后来因为信息安全管控，"研发技术论坛""研发 IT 支撑之窗"等板块被关停了，甚至某段时期华为内部经历了信息安全压倒一切的情况，所有员工都要给自己的文档加密，即使其他员工收到了文档，也会因没有密码而无法查看，甚至由于过度保密遭到了员工投诉，在华为内部掀起了一场关于"保密重要，还是分享重要"的大讨论，最后，华为信息安全部的名称被改成了信息安全与共享部，华为要求在保密与共享之间形成合理的平衡机制，既要保证不泄密，又要通过知识分享促进企业发展。

无论如何，华为对知识分享的渴求一直存在。2008 年，华为在研发区做

第 3 章
华为公司最大的浪费是经验的浪费

了 Hi3MS[①]，用于分享和讨论知识；同时在非研发区进行知识分享的呼声也越来越高，于是华为建立了一个 Connect 社区；这时华为鼓励大家分享知识，员工有不懂的，大家回答，或者写一篇博文，大家阅读并回复。

2010 年年底，华为的 A 产品线因为业务需要，从公司总部向一线传递知识的诉求非常强烈，于是向安永咨询如何开展知识管理活动，并将咨询报告提交给华为高层管理者，因牵涉到很多 IT 系统优化，华为决定成立知识管理变革项目群，从这时候开始，华为的知识管理进入了新篇章。

什么是知识管理？如何开展知识管理？知识管理如何帮助业务创造价值？这些都是华为需要弄明白的，尽管华为基于过去的实践有了部分理解，然而主要还是停留在文档的总结、知识库的建设等方面。真正弄明白知识管理，知道如何应用，主要得益于两位知识管理顾问的指导，他们是 United States Army（美国陆军）知识管理顾问 Nancy Dixon[②]和 Bp P.L.C.（英国石油公司）知识管理顾问 Nick Milton[③]，在他们的指导下，华为理解了"知识管理的价值不在于 IT 和知识本身，而在于组织成员对知识的应用"[④]，并按

---

① Hi3MS：华为的企业级知识分享平台，寓意为"三人行必有我师"，华为全体员工和有权限的外包人员都能从该平台获取自己工作所需的知识，其功能非常丰富。

② Nancy Dixon，著有 *Company Command*、*Common Knowledge*、*Organizational Learning* 等，从 20 世纪 80 年代开始师从格雷·瑞文斯（1907—2003 年）研究行动学习和组织学习，一直到 20 世纪 90 年代知识管理兴起。2000 年，Nancy 应 Martin Dempsey 将军（曾担任美国参谋长联席会议主席、美国陆军训练军规部总长）邀请，成功辅导美国陆军连长社区，并出版 *Company Command* 以指导其余社区，他还曾长期辅导 Conoco Phillips、Schlumberger 等石油企业建立实践社区。

③ Nick Milton，威尔士大学地质学博士，原英国石油公司知识管理核心组成员，亲身经历了英国石油公司在知识管理领域的辉煌，著有《通过学习提升绩效》《项目知识管理》《经验管理手册》《知识管理战略》等；现任知识管理咨询公司 Knoco 首席技术官，对项目型组织如何应用知识有海量成功实践经验。他从 20 世纪 90 年代中期开始从事知识管理工作，于 2003 年参与英国知识管理标准撰写，是为数不多的能把理论和实践结合的顾问。

④ 此句的英文原文为 "Value of knowledge management depends not on knowledge or on IT, but on the use of knowledge by an organization's members."来自麻省理工学院（MIT）的知识管理课程（OCW.MIT.EDU）。

照这一指导原则设计知识管理解决方案，开展项目试点，并全面推行，最后取得了不错的效果。

3.4 IT落地无果之后的绝地反击——华为知识管理变革项目群

华为在决定开始知识管理变革后，对各方面进行了系统分析，知识管理变革项目群成员一致认为把企业级知识分享平台优化一下比较好，其他方面不太重要，尤其是知识管理文化，没有文献可以把它说清楚，主要就是设置几个奖项。于是，华为投入资源去建设知识库的多维分类，但过程中波折不断，第一个多维分类的系统竟然花了3年时间才上线。塞翁失马焉知非福，之所以华为对知识管理有很深刻的理解，是因为当初IT项目严重受挫，绝望之下不得不重新审视知识管理，寻找和IT不相关的部分，这才发现了另外一片真正广阔的天地。

华为是我国大规模开展知识管理的先驱者之一，当时国内既找不到有参考价值的书籍和资料，也找不到能指导华为开展知识管理活动的咨询公司，只能向国外企业学习，难度非常大，因为信息量太大，且当时还没有形成业界公认的知识管理标准，所以华为不知道如何下手。

真正的突破始于华为知识管理变革项目群，华为早期的知识管理从业人员在与顾问Nancy、Nick面对面交流之后，才发现华为以前对知识管理有很多误解。例如，一见到顾问就问案例管理应如何改进，交流半天之后发现一些标杆组织根本就不要求一线人员写案例，也不要求一线人员看案例，经验教训的产生和应用过程与华为以前的理解完全不同。两位顾问特别看重的恰恰是华为过去完全不当回事的沟通——人与人的直接沟通，他们认为很多复杂知识的差异只在微妙的细节之间，人与人的直接沟通不可替代，以前华为一直想创建一个超级黄页系统，把每个人的信息都记录在里面，有需要的时候可以随时随地查询，而他们告诉华为真正有效的是形成一个人际网络，再厉害的 IT 也不如人与人之间的交流更准确、有效。

两位顾问向华为反复强调"建立人与人之间的连接和知识的收集同等重要",两者不能偏废,但是一定要先建立人与人之间的连接,再开展知识的收集、整理和分享,以前华为忽视了人与人之间的连接。

与顾问 Nancy、Nick 的交流对华为的影响非常大,华为意识到开展知识管理活动的重点应该是聚焦业务绩效的达成,在达成业务绩效的过程中不断地让员工提问并应用所获得的知识,对经验教训进行闭环管理,提炼并总结为流程、工具、模板等高质量知识供员工直接使用,华为也是在这次交流之后才开始真正理解实践社区[①]等概念的价值和运作方式。受语言、文化等方面的影响,知识管理活动的推进速度并没有预期中那么快,从 2011 年 6 月开始交流实践社区,半年过去后还是让人觉得雾里看花,直到 2012 年 3 月进行非正式交流时,顾问 Nancy 和 Nick 展示了一些业界资料,才让华为发现了几个缺失的关键细节。

2012 年 3 月的美国之行,真正让华为彻底摆正"建立人与人之间的连接和知识的收集"的关系。在顾问 Nancy 和 Nick 的安排下,华为去 Conoco Phillips(康菲石油)、Schlumberger(斯伦贝谢)、3M(明尼苏达矿业及机器制造公司)和美国陆军进行实地交流,此时才发现一开始看不上的实践社区恰恰是知识管理最重要的管理方式之一,形式上比较松散的社区反而能达成比较高的绩效,而且只有具备了社区的基础,才有可能形成适合知识有效流通的氛围,改变组织的文化。如果员工内心不愿意,仅凭外部力量是无法强迫员工提问、学习和分享的;知识是活的,管理知识的方式必须反映这种活性,华为从这次美国之行中收获比较多的恰恰是知识管理文化。

截至 2012 年,华为用 3 年时间完成了对知识管理的认识,走过了西方发达国家知识管理 15 年的发展历程,并在这个基础之上形成了一套适合自己的知识管理解决方案。

---

① 实践社区:一种利用同行专家头脑中隐性经验的方法,与前文讲到的"实践社团"是同一种方法,只是不同时期翻译成中文的名称略有差异,详细内容见"9.1 同行实践社区:聚智慧,创未来"。

让人感叹的是，虽然知识管理已经发展到第四阶段，很多知识管理专家也非常清楚第一阶段的诸多想法行不通，但是许多公司在开展知识管理时还是从第一阶段开始，把别人走过的弯路再走一遍。笔者离开华为加入正中集团之后，发现情况也是如此；离开正中集团之后从事咨询和培训服务工作时接触的企业家、管理者也是如此。一开始，大家的理解还停留在经验的显性化上，忽视了隐性经验的传播，忽视了人与人之间的连接，忽视了文化对知识总结、传播和应用的深层影响。

3.5 画蓝图，定方法，抓场景，力出一孔，饱和攻击

虽然知识管理并不是新领域，但是对我国的许多企业来说，知识管理是一个全新的领域，企业所面临的现实问题是不知道从哪里入手，不清楚如何一步步地把知识管理越做越好。此时，企业需要一个完整的知识管理框架，根据知识管理框架企业能找到切入点，并迅速打开局面，这与庖丁解牛一样。同时，知识管理框架也向企业高层管理者传递了一个信号——知识管理有一套成熟的方法，从而增强他们的信心。

虽然科学技术在不断地发展，但是知识管理的基本原理没有发生变化，企业的知识管理框架如图 3-5 所示。图 3-5 中虚线框中的内容是整个知识管理框架的核心，其他动作都围绕这个核心发挥作用，即知识管理的所有活动必须围绕企业的战略、项目和任务来展开，并基于 PDCA[①]基本逻辑把事前借鉴、事中总结、事后固化的各种活动、工具和方法融入战略、项目和任务的开展过程中，不分彼此，发挥在战争中学习战争的作用，确保在实现既定业务目标的同时，把经验固化为组织能力，并源源不断地培养优秀人才。

与此同时，一方面，企业必须建设和运营自己的知识库，尤其是知识资产库，里面存放着经过企业整合、提炼、验证的高价值知识。员工工作时可

---

① PDCA：P 即 Plan，指计划；D 即 Do，指执行；C 即 Check，指检查；A 即 Adjust，指调整。

以基于自身需要随时从知识库中调取自己需要的知识,随着分类技术和人工智能的发展,显性知识的获取效率正在迅速提高。另一方面,企业必须建立一套机制,有效地激发、获取和应用员工头脑中的隐性知识,业界常用的方法是实践社区,通过线上、线下有辅导的闭环对话,实现业务痛点与专家经验的快速匹配和传递,甚至共创、攻关业务上的痛点和难点。

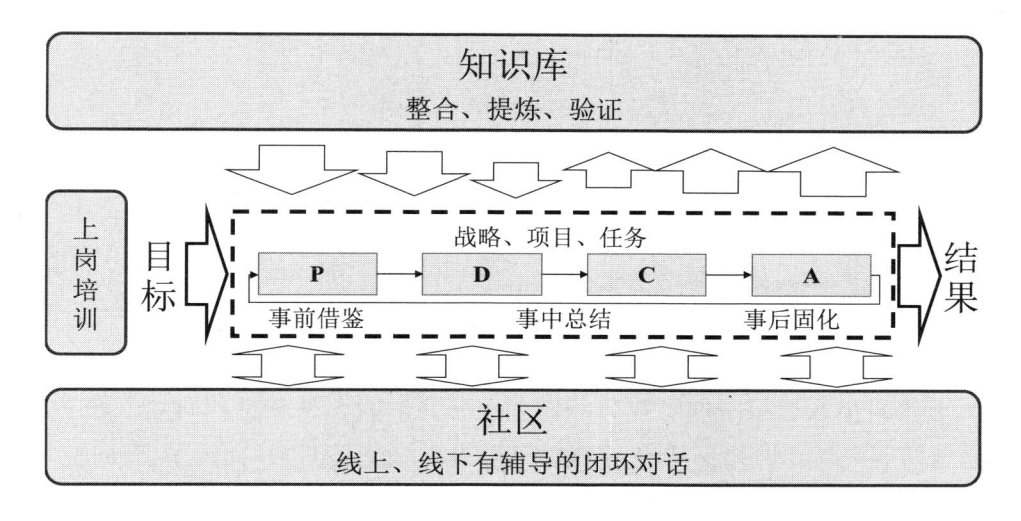

图 3-5　企业的知识管理框架

在知识管理框架中,涉及多个常用的知识管理工具,如项目知识计划、同行协助、事后回顾、项目回顾、知识收割、同行实践社区等,它们既可以单独使用,也可以组合在一起使用,它们之间互相补充、互相促进,使知识从创建到应用形成一种良性循环,若条件允许,则建议都用起来,其整体效果远超局部之和。

尽管每家企业的情况不一样,甚至企业内部不同领域、不同部门的情况也不一样,但都存在一些基础的典型场景,大部分复杂场景都是在这些典型场景的基础上发展而成的。对于这些场景,企业必须基于知识管理框架制定相应的分场景解决方案,并结合业务实际情况进行适配,确保知识管理活动和相关要求与业务现有的工作习惯有机结合起来,避免"两张皮",否则将难以达到预期目标。企业内部开展知识管理的典型场景,如图 3-6 所示。

知本主义：
用知识管理打造企业护城河

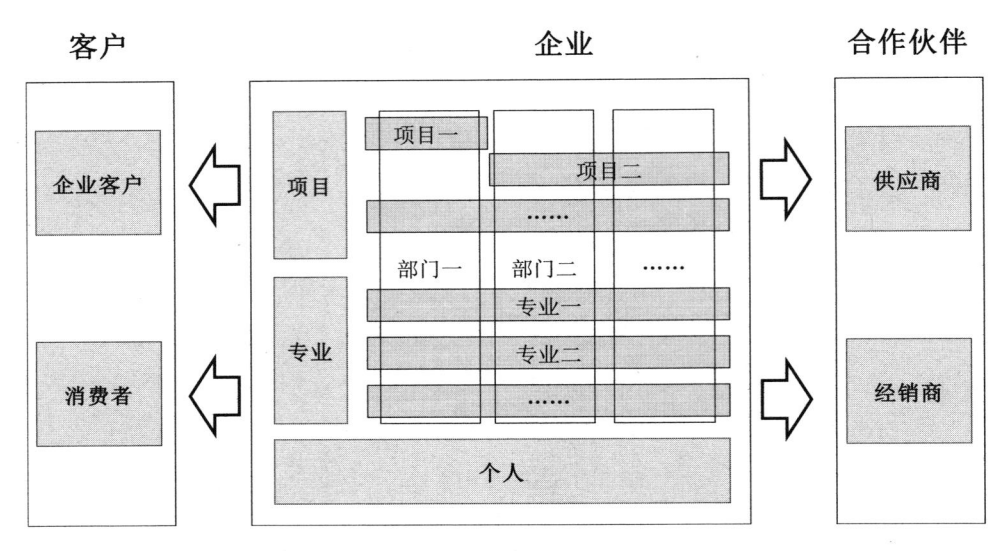

图 3-6 企业内部开展知识管理的典型场景

当然，企业也可以按照业务领域划分典型场景，如营销、研发、服务、供应链等，实际开展知识管理活动的时候这些内容必须都考虑。按照企业内外部进行划分，知识管理的 7 种场景如表 3-1 所示。

表 3-1 知识管理的 7 种场景

场景类别		举例说明
内部	个人	如高层管理者、业务专家、普通员工
	项目	如销售项目、研发项目、交付项目
	部门	如营销部、项目管理能力中心、招聘部等
	专业条线	按事业部进行管理的企业，往往涉及专业条线管理，如人力资源专业条线管理
外部	客户	比较典型的是售后服务咨询中心，如中国移动的 10086
	供应商	如设备供应商、服务提供商等
	经销商	通过渠道进行销售的企业，如 4S 店、超市、门店等

一家企业实施知识管理变革，通常先从内部场景开始，在具备一定能力后，再逐步将知识管理的范围扩展到外部，但这并不是绝对的，因为业务需要，部分外部场景也可以同时开展，如客户场景中的售后服务咨询中心，只是企业并不一定将其纳入知识管理的范围。

企业开展知识管理活动的时候，切记不要面面俱到，一定要聚焦主要矛盾，针对影响企业生存发展的关键场景，集中力量，饱和攻击。华为开展知识管理活动的时候，第一原则是所有知识管理资源在原则上只投放到营销、研发和交付三大板块，与整个公司的发力点保持一致，力出一孔。当初华为的知识管理团队向轮值首席执行官徐直军汇报时，曾经向他请示："如果您要考核知识管理活动的好坏，应该定何种绩效考核指标？"徐直军说："你们没有单独的绩效考核指标，业务好你们就好，业务不好，你们就不好。"再加上华为是典型的项目型运作组织，所以，华为开展知识管理活动的主战场就是各种项目，如营销项目、研发项目、交付项目等。

第 4 章

项目——在战争中学习战争的主战场

知本主义：
用知识管理打造企业护城河

项目是在战争中学习战争的主战场。对于高科技企业来说，项目是企业经营管理的基础和细胞，是企业经营管理活动的主要组成部分，如果项目经营得不好或管理得不好，优质经营就无从谈起。华为认为只有实现以项目为中心的运作，才能避免出现以功能组织为核心的"大企业病"（如层层汇报导致效率低，"部门墙"导致各扫门前雪），才能去掉冗余并提高竞争力，才能使干部快速成长。

即使是华为这样优秀的企业，在某段时期，也能听到大量的抱怨，甚至是无奈。例如某资深项目经理曾抱怨："我在一线当了 10 年的交付项目经理，每做一个项目，都感觉是在做一个新项目。"某项目经理感慨："当项目经理太辛苦了，做一个项目走一个人，没有人愿意做第二次。"某研发产品经理哭诉："我们用的是外包团队，人员流动性特别大，培养成本高，质量不可控，这非常令人头痛。"之所以出现这样的声音，是因为企业在开展项目的过程中没有同时实现 3 个目标（见图 4-1）。

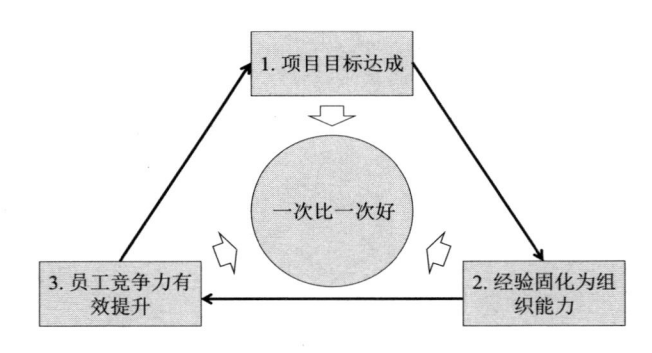

图 4-1　开展项目需要同时实现的 3 个目标

3 个目标之间的关系是"既要'打粮食'，又要增加土壤肥力"。目标 1 是"打粮食"，解决的是今天活下去的问题；目标 2 和目标 3 是"增加土壤肥力"，确保明天、后天活得不艰难。但大部分情况下，项目团队在开展工作时只盯着"项目目标达成"，忽视了"经验固化为组织能力"和"员工竞争力有效提升"。正是因为没有把"经验固化为组织能力"，员工只能自己"野蛮生长"，导致员工们的成长速度参差不齐，等到下一次开展项目时，发现组织能力没有积累，员工竞争力提升有限，从而导致实现项目目标困难重重。

企业在开展经验传承的时候，最大的挑战之一不是"不知道如何做"，而是不做。企业中听到的比较多的声音是"时间紧，任务重，能加班加点把项目完成很不容易，哪顾得上那么多"，甚至还有很多"边打边丢"的项目，大家一忙起来，什么都不顾了。有一次，笔者与朋友通电话，朋友反映自己公司的项目在交付时不断延期，为了确保项目按时交付，所有的质量控制、经验总结和传承等都顾不上了。听朋友说完，笔者想起了华为在自我检讨时曾说过的一句话——华为有时间把事情做了一遍又一遍，但从来没有时间把事情一次性做对。项目延期不可怕，可怕的是没有弄明白根因而持续延期，是组织明明实践过的方法却没有传承下来，导致好不容易积累的一点儿火花和优势付诸东流。

华为的一些研发团队、交付团队也曾遇到项目交付延期、质量失控等情况，即使团队成员周六、周日加班工作也难以改善，后面通过持续开展复盘，复盘 20 次、30 次，情况才得到了改善，由"吊车尾"变成"火车头"。这些团队为什么有时间开展知识管理活动呢？因为没有办法了，不得不试，一试才发现有一些效果，建立了一点儿信心，于是加大力度进行多次尝试，随着对工具掌握得越来越熟练，效果也越来越好，一次次积累，实现从量变到质变。

4.1 PMBOK®指南（第六版）新增"管理项目知识"

PMI 一直在不断地修订和完善《项目管理知识体系指南（PMBOK®指南）》。《项目管理知识体系指南》的前五版（包括第五版）中没有知识管理方面的内容，只提到了员工培训。2015 年，随着 ISO 9000 增加知识管理方面的内容，PMI 发布了关于"更有效的知识传递=更好的项目成果"的报告，知识管理的重要性已经被业界普遍接受。2017 年，PMI 发布《项目管理知识

知本主义：
用知识管理打造企业护城河

体系指南（PMBOK®指南）（第六版）》，新增了"管理项目知识过程"[①]（以下简称管理项目知识）。2021年，PMI发布了《项目管理知识体系指南（PMBOK®指南）（第七版）》，这一版本并没有替代第六版，它们互相补充，其中知识管理仍然是必不可少的一部分，被放到了"项目工作绩效域"[②]。

下面将针对《项目管理知识体系指南（PMBOK®指南）（第六版）》的"管理项目知识"进行解读，为了确保大家能有效理解，先对部分项目管理的基本概念进行说明。

为了有效管理项目全生命周期，企业依据自身项目开展的实际情况将整个项目划分为不同的阶段，例如华为研发项目的全生命周期包括概念阶段、计划阶段、开发阶段、验证阶段、发布阶段和生命周期管理阶段。同时，每个阶段都明确了具体的交付成果要求，例如在计划阶段必须输出和定稿各种项目计划等。

在项目每个阶段结束时，为了保证当前阶段的交付质量，通常企业会设置各种评审点，用于决策项目能否进入下个阶段，如果没有满足要求，要么直接终止项目，要么整改后再次决策。例如华为的研发项目中就设有技术评审和决策评审两类评审点，阶段评审点与项目知识管理密切相关。

在项目开展的过程中，企业可以参照《项目管理知识体系指南》中十大知识域和五大过程组的内容开展工作，知识域和过程组的具体内容可查阅《项目管理知识体系指南（PMBOK®指南）（第六版）》。

综上所述，项目生命周期、项目阶段、阶段评审点、项目管理过程、项

---

① 管理项目知识过程：是指《项目管理知识体系指南（PMBOK®指南）（第六版）》中3个新增"过程"之一，具体内容可见该指南"4.4 管理项目知识"。"过程"指的是达成项目阶段成果或最终成果需要开展的一系列活动，它包括输入、处理过程和输出。以老百姓做菜为例，洗菜就是一个项目管理过程，洗菜的输入是未经处理的菜、用于清洗的水、盛放菜的各种容器等，处理过程为浸泡、去掉杂物等，输出则是清洗完毕的菜；同理，切菜、炒菜和摆盘也是项目管理过程。《项目管理知识体系指南（PMBOK®指南）（第五版）》累计有47个过程，《项目管理知识体系指南（PMBOK®指南）（第六版）》中修订为49个。

② 项目工作绩效域：具体内容可见《项目管理知识体系指南（PMBOK®指南）（第七版）》"2.5 项目工作绩效域"，与知识管理相关的描述可见该指南"2.5.8 整个项目期间的学习"。

第 4 章
项目——在战争中学习战争的主战场

目管理过程组和项目管理知识域之间的关系如图 4-2 所示。

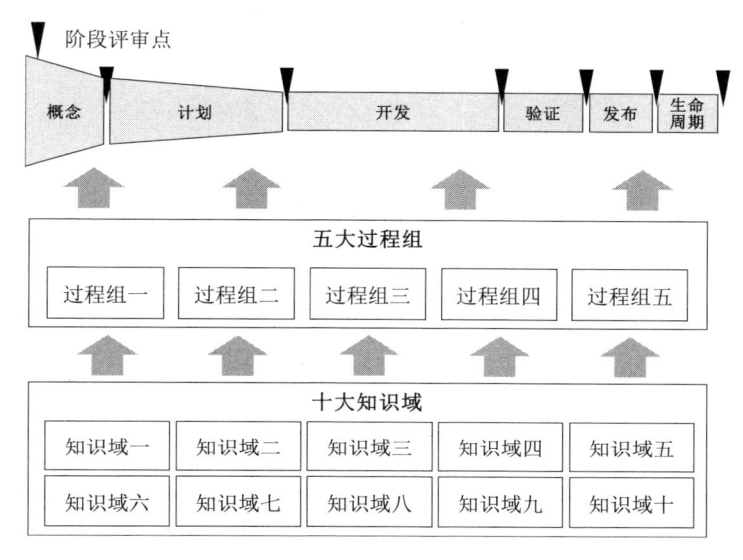

图 4-2 项目管理中各基本概念的关系

"管理项目知识"处于"项目整合管理"知识域和"执行过程组"的交汇处（见图 4-3）。将"管理项目知识"放到"项目整合管理"知识域，意味着知识管理是项目经理的职责，是"一把手"工程，说明它非常重要；将"管理项目知识"放到"执行过程组"，意味着知识管理不能是虚假的，不能走过场，必须通过具体行动并有效利用组织内外的知识和经验来支撑项目目标达成，同时通过当前项目所总结的经验教训、最佳实践等提升企业的组织能力，帮助其他项目或未来的项目取得成功。

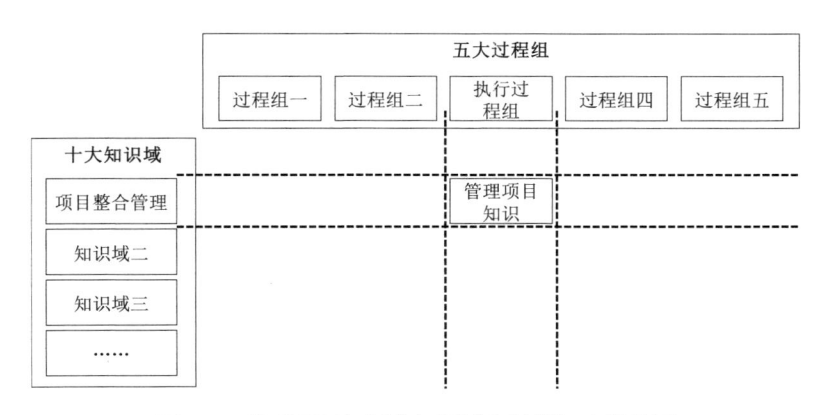

图 4-3 管理项目知识在知识域和过程组中的位置

知本主义：

用知识管理打造企业护城河

"管理项目知识"的内容包括输入、工具与技术、输出 3 个部分（见图 4-4[①]）。PMBOK®指南只提供了策略，不涉及具体做法，尤其是工具与技术部分，仅对工具进行了罗列和简单说明，导致一些读者看完之后仍然不知道如何使用。

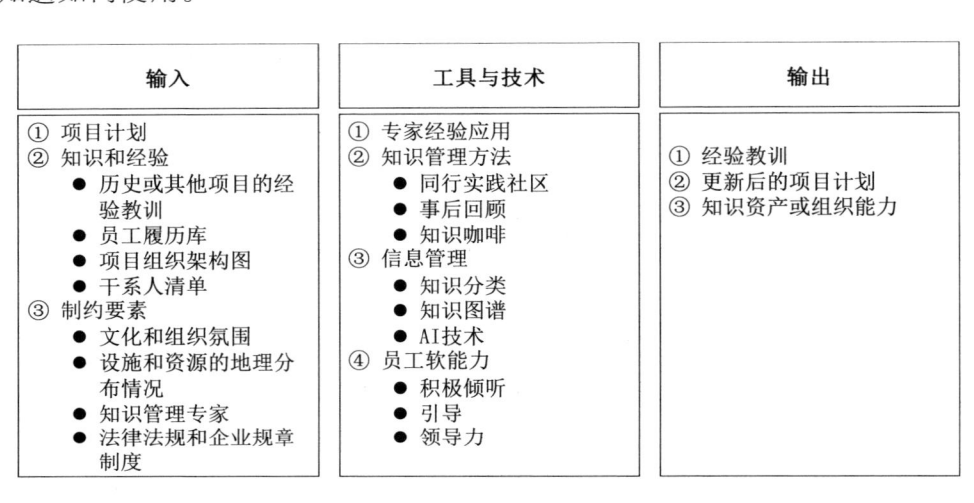

输入	工具与技术	输出
① 项目计划 ② 知识和经验 　● 历史或其他项目的经验教训 　● 员工履历库 　● 项目组织架构图 　● 干系人清单 ③ 制约要素 　● 文化和组织氛围 　● 设施和资源的地理分布情况 　● 知识管理专家 　● 法律法规和企业规章制度	① 专家经验应用 ② 知识管理方法 　● 同行实践社区 　● 事后回顾 　● 知识咖啡 ③ 信息管理 　● 知识分类 　● 知识图谱 　● AI 技术 ④ 员工软能力 　● 积极倾听 　● 引导 　● 领导力	① 经验教训 ② 更新后的项目计划 ③ 知识资产或组织能力

图 4-4 "管理项目知识"的内容

例如，中药房里面有各种中药材和坐诊的中医，当病人来就诊时，中医必须依据病人的病症和情况有针对性地抓药。PMBOK®指南就像中药房，它提供的工具就是中药房里面的各种中药材，项目经理就是中医，当项目遇到问题时，项目经理需要基于实际情况灵活使用 PMBOK®指南提供的工具和策略去解决问题。

所以，PMBOK®指南更像是一本字典、一本工具集、一本项目管理百科全书，当项目经理遇到问题时，可以用它查阅，寻找解决问题的策略和工具，但不能寄希望于 PMBOK®指南告诉我们如何一步一步把"管理项目知识"做好。

在启动项目知识管理工作之前，项目团队必须基于项目计划，明确项目要求和即将面临的问题与风险，清楚项目团队（含项目经理）及相关方（如

---

① 该图和下文的描述，是笔者对 PMBOK®指南"管理项目知识"的理解，如要了解原始资料，请查阅 PMBOK®指南。

投资人、项目管理办公室、合作伙伴、客户等)的能力优势、劣势和知识盲区,了解开展项目知识管理活动的各种制约要素。这些内容的开展和实现都需要企业在项目管理机制中明确相关要求,提供有效的机制保障。

例如,企业建立一套经验教训管理机制,确保在各项工作开始的时候,能够得到其他项目的经验教训。华为在 IPD 流程中就明确了项目知识计划、同行协助、事后回顾、项目回顾的执行要求,通过组织的力量推动项目团队获取知识、应用知识。

又如,企业建立员工履历库、输出项目组织架构图和干系人清单等,在此基础上,项目经理可以高效分析项目团队及相关方已经具有的能力和经验,以及能力短板和知识盲区。其中,员工履历库通常包含员工发展与培训、关键知识贡献等方面的信息,是企业 E-HR 系统的一部分。如果企业没有建立对应的数据库,项目经理在制订项目计划时就必须额外花时间对团队成员进行了解,并在项目开展过程中或项目结束时补充最新内容,同时同步给企业的人力资源部门以供后续项目参考。注意,项目团队不仅要应用自身的知识和经验,还要善于应用相关方的知识和经验。

项目团队需要了解开展项目知识管理活动时的各种制约要素。首先,文化和组织氛围。如果员工之间不能建立信任关系,分享就失去了基础,经验丰富的专家会担心"教会徒弟,饿死师傅";如果员工之间互相指责,员工就会保护自己,不愿意说真话,甚至互相推诿,例如部分企业把复盘开成批判会,导致员工不愿意参加,这就是文化和氛围的影响。沟通方式也至关重要,既要通过正式沟通快速分享信息,又要通过非正式沟通促进隐性经验的分享、总结和应用,人与人之间的连接在很多时候是以非正式沟通的方式建立和强化的。

其次,设施和资源的地理分布情况。它们会影响收集和分享知识的方法,例如项目团队分布在两个不同的城市,他们之间互动、交流的及时性和便利性必然受到挑战,在仅能进行线上交流的情况下,项目团队的部分骨干需要定期出差,到另一方所在地办公、交流,或者采用先进的通信技术改善远程交流的效果,如华为的员工经常使用智真会议系统与外地的同事进行交流,基本上能够实现人与人面对面交流的效果。人员越分散,知

> 知本主义：
> 用知识管理打造企业护城河

识和经验的互通就越困难，越不容易促进知识的分享和获取，此时，项目团队要加强日常和例行的沟通交流。

再次，知识管理专家。企业是否配备了专职或兼职的知识管理团队或岗位来支持项目的知识管理活动，例如华为研发部门的质量经理就兼任研发项目知识经理，在任职资格上，质量经理既可以走质量方向，也可以走知识管理方向。

最后，法律法规和企业规章制度。例如合同的约定、客户和企业对项目信息的保密性要求等，项目团队一定要事先确认清楚这些内容，确保开展工作时不违规。华为信息安全部门负责保护公司和客户等信息资产的安全，在华为的知识管理发展历程中，有一段时间华为的知识管理受到信息安全保护的重大冲击。

所有内容准备就绪之后，项目团队需要综合应用 PMBOK®指南提供的一系列工具和技术，有效开展项目知识管理活动。例如通过利用专家经验协助制订项目计划，通过项目管理办公室调动企业内部专家支持解决项目问题等，越是在项目早期越要善于应用专家经验，避免重犯错误。

知识管理工具众多，项目团队需要依据项目在创新程度、任务复杂程度、团队多元化（包括学科背景多元化）程度等方面的要求，在正确的时机使用正确的方法。例如项目团队可以通过建立同行实践社区，对专家的知识和经验加以利用；通过事后回顾、项目回顾等方法，及时总结项目经验教训和最佳实践；通过知识咖啡、开放空间等技术，激发组织进行创新；通过知识集市、茶话会、务虚会等非正式的方式，促进项目团队内外部知识和经验的交流。当然，培训、师带徒等也是常用的方法。

信息管理的相关技术也能提高项目知识管理的效率，例如知识分类、绘制知识地图、搜索引擎等可以帮助员工更快地找到知识；知识图谱等技术可以建立知识与知识之间的连接，从而帮助员工在获得某个知识之后发现新知识；此外，项目文档管理系统、企业级知识分享平台、AI 技术等都是必须考虑的内容。

项目团队的软能力也会对项目知识管理的效率产生重大影响，必须不断提升和改善，例如项目团队可以通过积极倾听减少误解，促进沟通和知识分享；通过引导技术支持团队高效达成共识和高质量决策；通过提高管理者的领导力，有效激发项目成员获取和应用知识的热情等。

注意，所有项目中的知识管理活动都必须有明确的执行责任人，通常"该责任人"是项目对应工作的执行责任人。例如质量经理不清楚某项最新的质量管理技术，可以去质量同行实践社区求助，得到专家的见解或建议后，必须在项目中应用这些知识解决当前遇到的问题。

当项目阶段结束或项目结束之后，凡是项目团队成员都要参与总结经验教训的工作，以确保项目团队成员能有效理解并吸取经验教训。经验教训的记录载体可以是文字、图片、音频、视频等，同时，确保所有的经验教训都被归档到经验教训知识库。对于项目产生的新知识、重要的经验教训、未来可再次应用的知识等，企业应该把它们固化为组织的流程、工具、模板、IT系统，甚至让它们成为产品或服务的一部分。

"管理项目知识"的内容非常丰富，PMBOK®指南仅做了大概说明，如果想有效使用它提供的各种方法和工具，就必须了解这些方法和工具的定义、适用场景、操作方法、注意事项，以及其他企业成功的或失败的案例等内容。

4.2 经验教训知识库、经验教训登记册和经验教训

项目开展过程中会产生各种经验教训，项目团队要记录当时某个关键事件的处理方式和对未来的改进建议。为了确保经验教训在项目中得到有效的存储、分享和应用，项目经理必须指定专人将其整合到项目经验教训登记册中并进行统一管理，每个项目都有一本经验教训登记册，它在项目成立时就必须创建好。在项目结束后，经验教训登记册中的内容必须归档到经验教训知识库，企业通过建设和运营经验教训知识库，存储、分享和应用各项目的经验教训。

> 知本主义：
> 用知识管理打造企业护城河

经验教训知识库、经验教训登记册和经验教训三者之间是层层包含的关系，如图 4-5 所示。

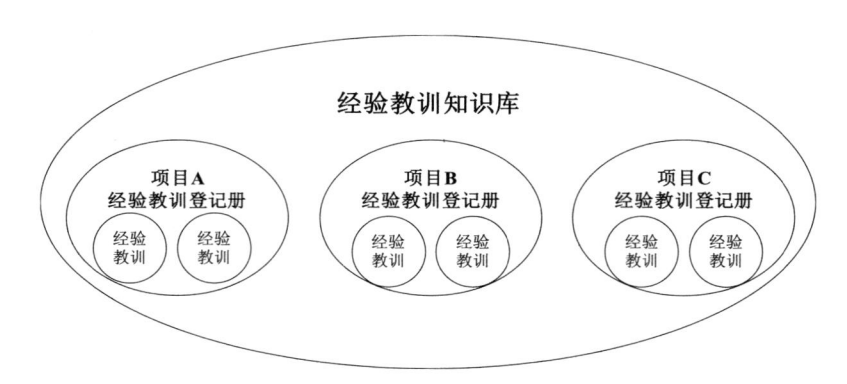

图 4-5 经验教训知识库、经验教训登记册和经验教训的关系

在项目开展过程中，项目团队发现的任何有助于提高当前项目绩效、其他项目绩效和未来项目成功的经验教训都必须被及时记录。经验教训的分类，如表 4-1 所示。

表 4-1 经验教训的分类

分类	说明
技术	技术是指项目团队在生产产品或提供服务的过程中所使用的系统化程序。它们经过反复验证，行之有效，已经形成了明确的规范，甚至被开发成工具，是标准化程度较高的优秀实践，可以被快速推广和应用，例如估算人力投入和项目时长、识别项目风险、分析产品缺陷的技术
方法	方法是指完成任务的操作流程、步骤。相较技术而言，方法的标准化程度要稍低一些，但仍能被较好地推广和应用，如有效验收项目成果的方法、事后回顾和项目回顾等知识管理方法
方式	相较技术和方法而言，方式的标准化程度更低，需要使用者基于实际情况灵活处理，如开展团队建设可以采用聚餐、爬山、家庭活动等方式
应急预案	当项目出现偏差时，项目团队可以参考对应的预案使情况恢复正常，例如数据备份应急预案、系统停电应急预案等

知识管理活动贯穿项目全生命周期，它不是临时性任务，也不是阶段性任务，而是所有任务中的一部分，几乎每个"过程"的输入和输出都会涉及经验教训的学习和总结，如表 4-2 所示。这恰恰和上文所说的事前借鉴、事中总结、事后固化的原则相吻合，只要项目不结束，事前借鉴、事中总结和事后固化三者就不断地在各种项目活动中反复开展。

表 4-2　各过程中涉及经验教训的情况

十大知识域	过程	输入	输出
项目整合管理	制定项目章程	*	
	制订项目管理计划	*	
	指导与管理项目工作	*	*
	管理项目知识	*	*
	监控项目工作	*	*
	实施整体变更管理		*
	结束项目或阶段	*	*
项目范围管理	规划范围管理	*	
	收集需求	*	
	定义范围	*	
	创建 WBS	*	
	确认范围	*	*
	控制范围	*	*
项目进度管理	规划进度管理	*	
	定义活动	*	
	排列活动顺序	*	
	估算活动持续时间	*	*
	制订进度计划	*	*
	控制进度	*	*
项目成本管理	规划成本管理	*	
	预估成本	*	*
	制定预算	*	
	控制成本	*	*
项目质量管理	规划质量管理	*	*
	管理质量	*	*
	控制质量	*	*
项目资源管理	规划资源管理	*	
	估算活动资源		*
	获取资源	*	*
	建设团队	*	*
	管理团队	*	*
	控制资源	*	*
项目沟通管理	规划沟通管理	*	
	管理沟通	*	*
	监督沟通	*	*

> 知本主义：
> 用知识管理打造企业护城河

续表

十大知识域	过程	输入	输出
项目风险管理	规划风险管理	*	
	识别风险	*	*
	实施定性风险分析		
	实施定量风险分析		
	规划风险应对	*	*
	实施风险应对	*	*
	监督风险	*	*
项目采购管理	规划采购管理		*
	实施采购	*	*
	控制采购	*	*
项目相关方管理	识别相关方	*	
	规划相关方参与	*	
	管理相关方参与	*	*
	监督相关方参与	*	*

总结和记录经验教训需要项目团队投入一些时间和精力，会占用项目宝贵而有限的资源，在执行的时候经常会遭到项目团队抵触。如果企业希望项目结束时既能实现项目目标，又能将经验固化为组织能力，还能提升员工竞争力，那么必须总结和记录经验教训，因为今日是明日成功的基础，今日的努力决定了未来的成果，有效的项目管理机制必须兼顾今天的成功和未来的成功。

4.3 赋能——项目管理办公室的基础职能

除了项目团队，项目管理办公室在知识管理中扮演了至关重要的角色，甚至比项目团队还重要。项目管理办公室负责建设和运营企业的项目管理体系，并促进资源、方法论、工具和技术在各个项目之间进行有效共享和应用，按照项目管理办公室对项目的管控程度，项目管理办公室可分为3种类型，如表4-3所示。

表 4-3　项目管理办公室的类型

类型	说明
赋能支持型	项目管理办公室好像一个项目资源库，基本上不参与项目的过程和结果控制，主要担任内部顾问的角色，为项目提供各种工作模板、优秀实践、专业培训、问题咨询与辅导，以及企业内部其他项目和企业外部同类或类似项目的信息和经验教训
过程控制型	项目管理办公室除了为项目提供支持，还对项目执行过程的规范性负责，如项目必须按照企业的项目分类分级要求确定对应的过程交付件和最终交付件的模板、格式和工具，确定对应的汇报层级和沟通机制，必须使用的各类 IT 系统等
结果管控型	项目管理办公室对项目的控制程度非常高，它对项目的成败负责，包括但不限于项目经理由项目管理办公室指定并对其进行绩效考核、项目经理必须向项目管理办公室报告项目情况等

注意，无论哪种类型的项目管理办公室，其基本职责都是为项目提供各种工作模板、优秀实践、专业培训、问题咨询与辅导，以及企业内部其他项目和企业外部同类或类似项目的信息和经验教训。如果项目管理办公室不具备这项能力，一旦承担了过程控制型项目管理办公室或结果管控型项目管理办公室的职责，就会发现项目的问题成了自己的问题，若自己没有能力解决，便不得不回到赋能这个基本职责上去，所以，从项目管理办公室成立之初就要把赋能职责扎扎实实做到位。项目管理办公室就是项目管理领域的执行责任部门，同时，项目管理办公室需要提醒和辅导项目团队开展事前借鉴、事中总结等知识管理活动。

尽管《项目管理知识体系管理指南（PMBOK®指南）（第六版）》增加了知识管理的内容，但是华为早在 2000 年年初已经按照《项目管理知识体系指南（PMBOK®指南）（第六版）》"管理项目知识"的要求在操作了，到 2010 年开展集团级知识管理变革后，进一步补充了美国陆军、英国石油公司等优秀组织的实践，并形成了一套成熟、有效的项目知识管理解决方案。

许多企业认为赋能的职责应该由人力资源部门或企业大学承担，随着业务的发展，一些企业意识到只有培训还不够，必须开展知识管理，并把知识管理的职责交由人力资源部门或企业大学来承担，这个安排看起来合理，但在具体执行和落地的时候会受到人力资源部门或企业大学现有业务模式的影响，如果企业没有充分认识到这个客观事实，那么知识管理很有可能成为它们的补充或附属品，难以发挥其应有的价值。

知本主义：
用知识管理打造企业护城河

做个比较就能很好地理解，例如许多企业把客户接待这一职责交给了行政部门，行政部门的 KPI（Key Performance Indicator，关键绩效指标）并不是销售产品，因此行政部门在接待客户时，很少会从客户的价值、客户对企业的了解程度、企业与客户之间关系的好坏程度、当前项目推进对接待的特殊要求、基于竞争对手的接待方案进行差异化设计等方面来考虑，更多的是按照接待程序做好每个动作，对销售项目的推进影响有限。如果把客户接待的职责放到营销部门，那么情况会怎么样呢？所有人都清楚此次接待就是要留住客户，签下订单，所以会对整个接待过程进行精心策划，考虑各种影响订单获取的风险，此时客户接待不再是一个接待任务，而是营销本身。华为很早就认识到"接待就是战场，客户界面无小事"，把客户接待的职责放到客户工程部（简称客工部），由营销团队自己负责。

华为的知识管理建设和运营职责由哪个部门承担呢？不是人力资源部门，不是华为大学，而在质量与流程 IT 管理部下设的三级部门——项目管理能力中心（PMCOE），PMCOE 包括 3 个模块，分别是项目管理、知识管理和文档管理。华为在开展知识管理的初期就非常清楚，知识管理必须为项目服务，它是项目管理的重要组成部分，是项目经理的武器之一。只有把知识管理放到 PMCOE，才能真正从项目的角度考虑如何帮助项目识别风险、解决问题，如何实现跨项目的经验分享和应用，以帮助其他项目成功；只有把知识管理放到 PMCOE，才能基于华为的项目特点整合企业内外优秀实践，形成适合华为的项目知识管理解决方案，并确保项目团队在开展工作时不知不觉地完成项目知识管理的工作，实现春风化雨、润物无声的效果。这些都源于两个基本考虑：知识只有应用才能创造价值；华为应用知识的主战场是项目。

4.4 华为项目知识管理试点，让星星之火呈燎原之势

S 产品线 K PDU[①]的 T 项目试点是华为知识管理变革项目的里程碑事

---

① PDU：Product Development Unit，产品开发单元。

件，该试点实现版本迭代 100%成功，交付特性 100%一次验收通过，开发周期缩短 35%，节约人力成本 519 人月。此次试点成功，极大地提升了华为知识管理变革团队的信心，让华为坚信业界领先组织的最佳实践同样也适用于华为，而且华为也有能力结合自己的具体情况把这些实践进行落地应用，T 项目的成功让华为的知识管理变革进入了快车道，星星之火已呈燎原之势。

高效高质量交付产品版本一直是 K PDU 不懈追求的目标，通过分析发现，在产品版本开发过程中，经常重复执行一些基础的开发活动，如软件设计、coding（编程）、LLT[①]（Low Level Test）和模块级系统测试（Model System Test，MST）等。如何让这些重复性的活动一次比一次做得好？如何更高效地利用团队长期以来积累的大量显性知识和员工头脑中的隐性知识？如何在下一个版本中继承此前做得好的地方？如何避免以前犯过的错误？技术人员如何快速学习和应用新技术、新知识？

上面列举的这些问题既是 K PDU 面临的挑战，也是开展知识管理的核心诉求和原动力。知识管理不是一个新话题，PDU 每年都在做，但缺乏专业的方法和框架，通过将近一年的知识管理试点，无论是效率、质量还是经验传承，K PDU 都有了很多好的改变。

R 版本的开发目标是实现版本迭代 100%成功，但交付规模大、项目团队成员对新引入的工程活动 LLT 不熟悉，技能上有很大差距，要实现版本迭代 100%成功，必须克服相关困难。项目经理认为围绕版本目标，从实战中学习，快速提升团队能力是应对挑战的有效方法。于是，项目团队做了一个关键动作——任命版本知识经理，由他负责版本知识管理活动策划。

在项目计划阶段，项目经理与知识经理一起组织项目核心团队，针对 R 版本所面临的挑战与风险，识别能力差距，制定一系列项目比较迫切的知识赋能活动，形成 R 版本知识管理计划，并确保计划有效闭环。

---

① LLT：Low Level Test，低层次测试，亦称开发者测试，包含单元测试（Unit Testing，UT）和模块级系统测试（MST，Model System Test）。

知本主义：
用知识管理打造企业护城河

4.4.1 通过系统地做前学、做中学、做后学，构建 LLT 防护网

LLT 是 K PDU 的年度重点工作之一，但对于如何开展 LLT，没有好的经验，于是 PDU 通过主动联系 LLT 行业专家，获悉部分同行也正在开展 LLT 建设，个别项目团队还探索出一些不错的实践。后来，项目团队用知识拜访的方法向相关产品的同行学习，获取他们开展 LLT 的重要经验教训。

在此基础上，项目团队制定了系统的 LLT 开发策略、系统架构、推广落地策略等内容，因为继承了过往的优秀实践，所以有效降低了项目团队的探索成本。例如某项目团队认为 LLT 的模型抽象思路比较有借鉴意义，于是 PDU 沿着这个思路设计和开发了自动生成 LLT 测试用例的系统框架，并根据设计文档和相关参数自动生成 LLT 测试用例脚本，节省了编写脚本的时间，且降低了学习 LLT 脚本语言的门槛要求，迅速通过 LLT 构建起有效的质量防护网。

然后，PDU 组建 LLT 专项组，在全面推行 LLT 初期，针对效率、继承、维护等维度进行深入分析，对软件工程、基础库、工具、自动化等方面开展研究工作，形成了一套系统、智能的 LLT 解决方案，甚至某些技术还处于行业领先水平。同时，LLT 专项组的推广人员为每个开发组赋能，包括为期一天半的培训和辅导。

此外，PDU 注意及时总结经验教训并开展知识交换。迭代一完成后立即开展迭代回顾，总结大量开展 LLT 的经验教训，接着，在开发组之间相互分享，使整个 PDU 的 LLT 能力得到进一步的提升；到迭代二时，单测试用例的时间缩短了 90%，新增代码 LLT 覆盖率达到了五星级标准。最后，在实践的基础上，项目团队输出了 PDU 的 LLT 指导书，为后续开展 LLT 打下了坚实基础。

4.4.2 在实战中提升特性负责人的能力

特性负责人对版本成功交付至关重要，R 版本有部分员工是第一次担任特性负责人，他们有很多困惑，例如怎么制订合理的特性交付计划、如何组

织联调等。项目经理在意识到这个问题后，策划了一系列学习赋能活动，帮助特性负责人在实战中不断提升能力并积累经验。

在版本开工会之前组织特性负责人的同行协助，邀请上一版本的项目经理、质量经理、各领域 LM[①]和有成功交付经验的特性负责人参加会议，在同行协助会议上分享他们的经验教训，面对面解答新手对 R 版本特性的困惑。

员工表示参加此次活动的收获很大，例如"获得很多有用的细节，对于周边计划管理中关于联调出口条件的管理方法，原来不知道，联调时才发现不符合，很乱""大家分享的经验教训对我非常有益，如迭代计划的制订要预留一定的人力，解决上一个迭代的问题，我原来不知道，计划做得满满的"。

同行协助会议期间，让新手感触比较深的是如何有效管理周边计划，确保项目成果按计划完成。新手通常会碰到这样的状况——周边对接的都是资历较深的老员工，特性负责人不清楚如何恰到好处地推动他们按时交付，导致特性出现风险时不能及时规避和管理，一到特性交付后期，经常出现产品交付延迟的情况。

通过同行协助，大家学到了有效的解决方法。一是细化管理，对于复杂特性要把计划详细到每天做什么，并通过定期发布联调日报，督促各方按时交付。二是对于已经识别的风险，第一时间向上级同步和预警，同时与风险项目团队共同分析产品延迟交付的原因并制定规避措施。

此外，如何对专家提供的大量的特性交付经验进行传承和显性化，是项目团队面临的挑战。项目团队在版本交付过程中，策划了特性负责人知识交换活动，识别特性交付典型场景，面对面地交流和分享知识、经验，最后汇集集体智慧，总结输出了《特性负责人工作指导书》。无论是从同行那里学到的经验教训，还是项目团队总结的经验教训，都会不断地整合到《特性负责人工作指导书》中，确保组织的经验教训得到持续沉淀，后续版本的特性负责人也可以通过学习《特性负责人工作指导书》快速上手。

一位项目经理表示，以前他要亲自指导十几个领域的特性负责人，如果

[①] LM，Line Manager，资源经理，如开发 LM、测试 LM 等。

中间换人，就要重新指导，很忙很累，效率还不高，通过做前学、做中学、做后学，有效减少了这方面的投入，从而将更多精力投入版本交付工作中。

4.4.3　T项目试点成功的原因

最终，R版本按计划实现迭代100%成功的项目目标。在版本策划中融入知识管理计划，并由知识经理系统策划一系列的做前学、做中学、做后学，是R版本区别以往的突破性尝试。R版本知识管理策划取得成功主要有以下5点原因。

① 任命知识经理。

② 依据版本所面临的挑战与风险，识别能力差距。

③ 将知识赋能活动融入业务流程，并系统化开展活动。

④ 知识经理识别学习活动、看护学习活动，确保学习活动用有效的方法落地。

⑤ 在每个项目的关键里程碑点刷新知识管理计划。

T项目的试点成功，一个非常重要的原因是管理者的高度认可、亲自参与和积极投入资源。试点期间，K PDU的部长基本上亲自参与并带头研讨，他说：

"虽然知识管理不是一个新的事物，但是要做好试点，我们需要改变过去的一些传统做法。首先PDU的各级主管要重视，使我们整个组织有动力和氛围去实践。如我们结合PDU组织结构，设定了两个岗位，提供组织上的支撑，在PDU层面设置了一个知识管理经理的角色，由持续改进负责人兼任，在版本级也设置了知识经理的角色，他负责一个版本的知识管理策划和实施。

"知识管理要持续系统地推进，无论从业界知识管理产生的成果来看，还是从我们的实践来看，都是非常值得推广和需要强化的一项管理活动。

"如果未来知识管理要更进一步，就要做到3点。第一，知识管理体系要与业务主流程有机结合；第二，要依托我们的工具平台使知识库更加智能、更加全面,确保在特定的场景、针对特定的人能够推送对方比较关心的知识;第三,我们要紧紧围绕业务开发的过程,开展做前学、做中学、做后学。知识库并不能为我们带来很大的价值,核心还是要有一套机制能促使我们围绕主业务流程,在各项关键活动当中持续向外部学、向自己学,及时总结、分享和应用经验教训,并形成系统的打法,一次比一次做得更好。"

K PDU 的 LM 表示:"非常认同以项目过程学习、实践社区和知识资产三大板块为主体的知识管理框架,尤其认同知识管理应该从以往重知识积累到重知识应用的理念。我们要逐步形成这样的共识,知识管理应该是一种文化、一种意识,有工具和科学方法支撑,贯穿业务的全过程,覆盖每个人每天的工作,而且持续循环。不存在有没有知识管理的问题,只存在知识管理水平高低的问题,在没有开展 T 项目的知识管理试点之前,我们也有自己的知识管理方案(或者实践),只是效率低,或者不系统。"

4.5 华为项目知识管理解决方案

2000 年之前的华为,正处于研发体系变革的早期,项目管理运作还不成熟,员工经常自嘲华为的项目管理是三边工程[①]、六拍运动[②],所揭示的是组织的经验教训未能形成一套科学的打法,拼的是员工个人的狠劲、个别英雄人物的智慧和远见,能力没有建在组织上。随着 IPD 流程的建设和持续优化、知识管理变革项目群的开展,华为逐步建立起了行之有效的项目知识管理解决方案,真正实现了经验教训从项目中来,又回到项目中去的良性循环。

项目知识管理是华为应用较为成熟、涉及面较广的解决方案,也是华为知识管理变革早期竭尽全力推行的知识管理解决方案,它是企业知识管理的基石。图 4-6 所示为项目知识管理解决方案的原型,图中列出了 4 种基本的

---

① 三边工程:边计划、边实施、边修改。
② 六拍运动:项目立项拍脑门、激发团队拍肩膀、向上承诺拍胸脯、出现问题拍桌子、交付不了拍屁股、悔之莫及拍大腿。

> 知本主义：
> 用知识管理打造企业护城河

知识管理方法及它们适用的项目阶段。

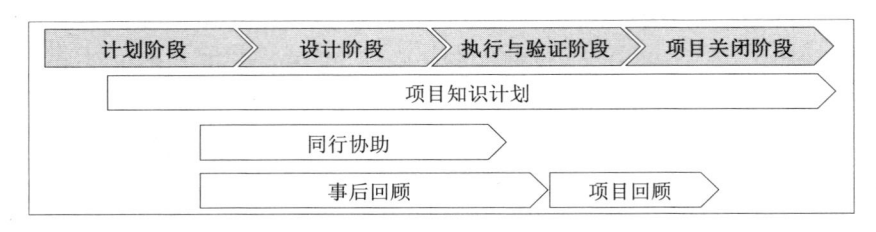

图 4-6 项目知识管理解决方案的原型

当然，项目知识管理解决方案的原型只是一个简图，但确实是顾问为华为引入的完整方法论。笔者认为还不能将这个简图称为华为完整的项目知识管理解决方案框架图，因为华为在启动 IPD 变革的时候，就把业界很多与项目知识管理相关的内容融入了项目开展过程，华为知识管理顾问只是在这个基础上对其进一步完善。笔者结合自己在华为 12 年的工作经验，认为华为真实的项目知识管理解决方案框架图应该如图 4-7 所示。

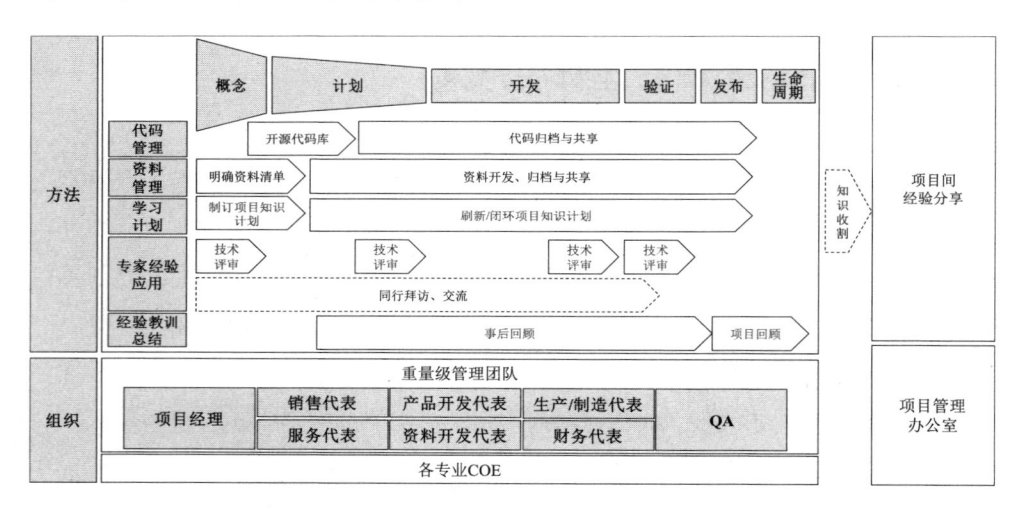

图 4-7 华为真实的项目知识管理解决方案框架图

华为基于项目全生命周期，综合应用了代码管理、资料管理、学习计划、专家经验引用、经验教训总结等多种方法；组织上，则通过组建重量级管理团队实现团队的多元化组合，且每个角色背后都有对应的能力中心提供专业支持，确保项目团队的经验、技能能够满足项目开展的需要；在

第 4 章
项目——在战争中学习战争的主战场

跨项目之间，通过项目管理办公室组织知识收割，快速回收项目经验教训，并将其固化为组织能力，同时开展经验教训的快速传播，使其被其他项目所了解和获取。在整个项目开展过程中，项目生命周期与对应阶段的知识管理活动，如表 4-4 所示。

表 4-4 项目生命周期与对应阶段的知识管理活动

阶段	知识管理活动	
项目立项阶段	对标分析 组建多元化团队 搭建组织知识库 决策评审	实践社区
项目计划阶段	项目知识计划 行动前回顾	
项目执行阶段	同行协助 事后回顾	
项目闭环阶段	项目回顾 知识收割	

项目立项阶段的定位是"兵马未动，粮草先行"，主要完成项目知识管理基础设施或基础能力的建设。这些内容贯穿整个项目，缺少它们，项目中总结的大量经验教训、优秀做法很难转化为组织能力，很难支持未来或其他项目成功。

项目计划阶段的定位是"凡事预则立，不预则废"，通过诊断项目团队的问题和风险，快速获取企业内外部最佳实践，跳过学习曲线，降低试错成本。

项目执行阶段的定位是干中学，学中干，强调经验教训的快速总结，指导工作快速调整，通过高频次迭代优化，让项目成果越来越好。

项目闭环阶段的定位是"前事不忘，后事之师"，强调将当前项目的经验教训、优秀做法进行系统性的总结，并优化现有的流程、组织、IT，支撑组织能力上一个台阶。

实践社区则横跨整个项目的全生命周期，主要是有效利用员工头脑中的隐性知识，通过各种集体创新的方式解决业务面临的挑战和困难。

第 5 章

项目立项阶段——兵马未动,粮草先行

> **知本主义：**
> 用知识管理打造企业护城河

很多优秀的人，都有一段暗淡的时光，那段时光是付出了很多努力却得不到结果的日子，我们把它叫作扎根。很多优秀的企业，都有一段默默积蓄力量的时光，它们就像毛竹一样，数年如一日，不停地扎根，时机到来，就会一鸣惊人。项目立项阶段的知识管理活动本质上是企业的扎根活动，项目团队所做的仅是利用这一套"根系"为当前的项目提供养分，只有提高组织能力，项目知识管理的种子才能发芽并茁壮成长。

5.1 对标越详细，审批越快

您所在的企业有对标分析的习惯吗？

您所在的企业有相关的操作指南或样例指导员工开展对标分析吗？

对标学习的质量和效果是否让人满意呢？

世界上最大的成本是什么？是自己去试错。在商业竞争日趋激烈的时代，试错很有可能让企业错失良机，浪费掉宝贵的崛起机会。项目立项阶段的第一个活动是对标学习，对标的对象包括企业内部、竞争对手、行业龙头企业或其他企业的同类或类似项目。

在项目开展过程中，有两方面要求项目团队强制输出对标学习的成果——立项报告和可行性分析报告。

为什么在项目立项阶段必须开展对标呢？因为企业的资金和资源有限，不管投到哪里都是不断反复权衡的结果，所以必须保证每分钱投下去都会有收益，尽可能地让收益最大。

立项报告必须回答一些重要问题，例如，为什么要开展这个项目？项目

第 5 章

项目立项阶段——兵马未动，粮草先行

的受益方是谁？受益方的需求是什么？它有如此迫切吗？它的必要性有如此之强吗？它对企业当下和未来的影响如何？项目开展下去有可行性吗？企业大概需要投入多少资金和资源才能做好项目？只有开展对标学习，企业考虑问题的角度才完整，这些问题才有可能得到解答，坐在办公室里面拍脑袋、纸上谈兵是得不出结论的。

立项报告必须对当前和未来的业务痛点、面临的挑战进行详细的分析说明。围绕痛点、挑战简要描述业界成功的和失败的案例线索，包括但不限于公司名称、所处行业、项目开展背景、项目投资或收益情况、项目方案的基本框架，以及初步评估的项目预算或者下一阶段工作开展所需要的预算。需要注意的是，不仅要考虑成功案例，还要考虑失败案例，甚至从某种程度来看，失败案例比成功案例更有参考价值，尤其是直接竞争对手或行业龙头企业的失败案例，别人踩过的坑、吃过的亏，只要企业不重犯错误，成本就会大大降低，胜算也会提高。在这一阶段，因为项目还未正式启动，项目资金有限，所以无法进行深入的调查研究，但基本内容要具备，如果有条件，当然是越详细越好。

投资决策人通常不太懂技术，或者对技术细节的了解有限，业界成功的或失败的案例能够让他们更好地理解项目，从而提高投资成功率。通常，对标分析由项目经理和项目上下游相关模块的代表负责，团队非常精简，往往只有两三个人。

在项目方案设计阶段，重要的交付件之一是项目可行性分析报告。项目可行性分析报告必须针对项目目标，明确技术、资源、组织方面的可行性，强化投资者的信心，为开展项目做准备。项目可行性分析报告包括详细的业界实践方案、企业与业界标杆企业之间的差距、赶超标杆企业的路径、所需资源的测算和约束条件等，如果项目团队不具备调研能力，就可以聘请第三方咨询团队开展这项工作，或者购买相应的项目可行性分析报告。

可行性分析通常需要专业团队专职开展，投资立项阶段所获得的资金、资源有相当一部分花到了这件事情上。输出可行性分析报告后，必须向投资决策人和项目干系人汇报，通过决策评审之后才能启动后续的详细方案设计，否则，要么进行整改，要么终止项目及时止损，特殊情况除外。

> **知本主义：**
> 用知识管理打造企业护城河

许多国外的优秀企业，如微软、IBM等，在审批立项申请时都有一个规则，如果能用已经证明有效的方案进行交付，那么决策评审会非常快，因为这意味着交付风险非常小。否则，企业将组织专业团队进行详细的评审，这个过程将消耗许多资源和时间。

对标学习的要求原则上必须写入项目管理的流程和制度，避免执行时流于形式或质量偏低，企业需要为员工提供对应的报告模板和样例，以及实用的分析工具和培训。具备条件的企业甚至可以基于项目的类型（如销售项目、研发项目、交付项目、变革项目、基建项目等）、级别（如集团级、公司级、跨部门级、部门级等）进一步细分对标学习的要求，提升针对性和有效性。

不同企业，因所处行业、发展阶段不同，对标学习的要求可基于实际情况进行调整，但无论如何不能裁剪。对标分析会产生成本，但不进行对标分析所产生的成本往往更高，例如某培训公司将其产品定位为该领域的高端产品，以较高的价格提供培训服务，但对同行的产品销售模式的了解非常有限，仍然以传统的线下营销为主，客户资源日趋紧张。许多优秀企业早已建立线上线下立体营销模式，即使是传统的线下营销也形成了引流产品、利润产品、品牌产品的多重组合，甚至在引流产品中设置了竞争、逼定[1]、顾问早期介入等内容，其客户订单转化率之高超乎想象。

5.2 组建多元化团队，实现1+1>2的效果

> 您所在的企业有对项目进行分级、分类吗？
> 不同类型的项目，其项目团队成员通常包括哪些角色？
> 这些角色之间是如何联动，并实现1+1>2的效果的？

---

[1] 逼定：销售领域的常用词语，表示销售人员对客户情况已经了解到位，且有成交可能时，通过一定的策略或方式推动客户快速下订单、交定金的行为。

第 5 章

项目立项阶段——兵马未动，粮草先行

某企业的主营业务是做全自动奶茶机，在开展具体项目时，由一线的商务人员负责对接客户，由生产部门的机械设计工程师负责调研，调研结束后把信息同步给软件工程师、电气工程师和生产交付团队，尽管该企业的员工没有接受过专业的项目管理训练，但总觉得当前的团队协作方式效率不高，且不知道如何改善，他们在笔者对该企业开展项目管理培训时提出了这个问题。

其实，这家企业所面临的问题是如何组建多元化团队，确保在资源有限时实现团队角色的最佳组合和分工协作效率的最大化，实现 1+1>2 的效果，有效的多元化团队可以带来以下 3 个方面的收益。

① 团队知识的多样性、全面性，超越环境的复杂性，考虑更系统、完整。

② 避免因项目经理决策失误而导致项目达不到预期目标。

③ 将能力建立在组织上，摆脱对个别人的依赖。

多元化团队带来的收益往往难以从财务的角度来体现和洞察，却客观存在，企业必须高度重视。华为营销"铁三角"实现绩效突破的案例，就是销售领域多元化团队的应用结果。

再看一个案例，A 国是华为在 B 地区的重要市场，其年销售额超过 10 亿美元，某次笔者到 A 国代表处出差，恰逢 A 国代表处正在制定未来的战略规划，在 A 国代表处主要管理者的见证下，战略规划报告即将定稿，此时，地区部战略规划的专家提出了一个问题："大家觉得，我们 A 国代表处未来最大的风险是什么？"于是大家各抒己见，专家听了之后说："大家说的都有道理，但不是关键的，关键的是 A 国的老国王可能在什么时候过世。"大家听了之后非常不理解。

专家继续说："经过分析发现，我们主要服务的 A 国电信运营商，其主要支持者是老国王和他带领的团队，但老国王的年龄已经非常大了，而且他的身体状况一直不太好，随时有可能离开人世。一旦这件事情发生，F 党派就有可能上台，到时候，我们现在服务的客户将很难得到国家政策的支持，业务发展一定会受到阻碍，销售额的增长也会受限。此外，我们和 F 党派所

知本主义：
用知识管理打造企业护城河

支持的电信运营商的客户的关系不是很好，如果我们现在不赶紧进行突破，一旦事情发生，我们就会失去很大的市场。"

听完专家的话，参加会议的管理者惊出一身冷汗，赶紧启动对应的客户关系攻关事宜。事情就是这么巧，不到半年时间，A国的老国王去世了。如果当初这场规划活动没有地区部战略规划专家的参与，那么后果难以想象。业界标杆组织的项目团队构成都符合多元化团队这一原则，例如华为典型的团队有PDT、TDT等。

PDT是跨部门的新产品开发团队，负责从输出商业计划书到上市的整个新产品开发过程的管理。PDT的主要目标是根据IPMT[①]批准的新产品开发项目任务书，确保新产品在财务和市场上取得成功。PDT核心团队成员包括PDT负责人、开发代表、系统工程师、产品经理、销售代表、服务代表、财务代表、项目质量经理等。

TDT是跨部门的技术开发团队，负责执行ITMT[②]或IPMT批准的平台与技术的开发与交付，关注立项目标的达成，负责项目计划、开发并迁移到PDT，使之符合PDT的业务目标。TDT核心团队成员包括TDT负责人、开发代表、系统工程师、制造代表、采购代表、服务代表、项目质量经理等。

又如，世界知名设计公司IDEO开创了设计思维[③]的先河，其团队成员来自各行各业，有人类学家、机械工程师、健康保健专家、企业家、电子工

---

① IPMT：集成组合管理团队，代表公司对某一产品线的投资的损益及商业成功负责的跨部门团队。
② ITMT：集成技术管理团队，在EMT（Executive Management Team，经营管理团队）制定的整体战略框架和目标及IRB（Investment Review Board，投资评审委员会）的具体指导下，制定公司级技术发展战略和今后两三年的技术组合及路标规划，ITMT关注整体技术路标、平衡的技术组合，以及跨产品线的技术和平台开发项目。EMT是华为经营管理和客户满意度最高的责任机构。IRB是华为负责产业的产品与解决方案的投资组合管理、决策和端到端协同的委员会。
③ 设计思维：一种全新的创新式思维方式，创新方式能被整合到从商业到社会的所有层面中去，个人和团队可以用它创造出突破性的想法，在真实世界中实现这些想法并使它发挥作用，更详细的内容请见《IDEO，设计改变一切》（作者：蒂姆·布朗），北方联合出版传媒（集团）股份有限公司万卷出版公司，2011。

程师、儿童专家、工业设计师、制造专家、环境专家、交互设计师、软件工程师等。正是因为有如此多元的团队，IDEO 的创意才源源不断，思考的维度系统才完整，甚至美国广播公司还为他们拍摄了一期专题节目——*The Deep Dive*，其中一集的主题是在 5 天之内重新设计一款购物车，揭示了这个企业创新背后的秘密。

对于多元化的团队搭配，一些建议如下。

① 人选范围。尽可能包括项目活动的计划者（如项目经理、设计师）、执行者（如研发、生产）、监督者（如质量）、验收者（如客户代表），覆盖从客户需求收集到客户服务的所有环节，确保信息在跨部门之间实现及时同步和项目制约要素（如时间、质量、成本、客户体验、可服务性等）的整体把握与平衡，避免出现某个环节影响项目整体效率的情况。

② 实践经验。团队成员最好有超过两年的相关领域的工作经验，企业在当前领域的工作经验至少超过一年，如果不具备这些条件，项目经理和对应领域的管理者就必须投入更多的精力，辅导员工快速成长，同时保证项目不受影响。

此外，建立多元化团队是第一步，只有在日常对话、决策过程中设立一些基本原则和机制，才能使团队的潜能和威力迸发出来。

5.3 搭建组织知识库，为经验留存提供支撑

您所在的企业有项目知识库或数据库吗？

知识库和数据库分为哪几类呢？

我们为什么要建设和维护知识库或数据库呢？

一家企业在建立完整的项目管理体系时，必须构建和持续运营 6 类知识库或数据库（见表 5-1）。

> **知本主义:**
> 用知识管理打造企业护城河

表 5-1 项目管理体系中的 6 类知识库或数据库

名称	说明
配置管理库	主要存放项目开展的各种规范资料,包括各类项目开展所需软件、硬件和相关组件的版本要求,例如操作系统、数据库、服务器等;组织中与项目开展相关的各种标准、政策、程序和任何项目文件的基线模板等,例如项目管理制度、项目分级分类标准、信息安全规定、编程规范等
项目档案库	主要存放各项目的过程管控资料,包括但不限于进度与绩效的测量基线、风险计划与跟踪表、利益干系人清单等
历史信息与经验教训库	主要存放项目的历史资料,包括各种过程交付件、最终交付件、经验教训等,例如设计方案、产品代码、经验教训登记册等
缺陷管理数据库	主要用于项目问题从反馈到解决的过程管理,通常包括问题或缺陷的严重程度、发生条件、问题发现人、处理人、解决方案及相关行动的结果
测量指标库	包含各类项目测量指标,例如每千行代码缺陷率、设备运行温度、机器转速等,帮助企业更好地制定、监督过程控制目标和结果目标
财务数据库	包括项目概述、预算、核算、决算等,例如员工工时、物料成本、实际成本、预算执行偏差等方面的信息

其中,配置管理库、项目档案库、历史信息与经验教训库和项目知识管理活动高度相关。表 5-2 所示为某企业的项目文档清单,企业可以依据自己的实际情况调整存放的文档类别。在项目开展的各个阶段,企业必须对项目过程和最终交付件进行针对性的管控。例如在项目立项阶段,项目团队必须基于项目类型选择对应的项目资料管控清单;在项目计划阶段,企业须冻结项目立项阶段所产生的资料的修改权限,项目团队必须明确项目最终的交付件清单;在项目执行阶段,企业须冻结项目启动阶段或项目计划阶段所产生的资料的修改权限,项目团队必须依据项目推进进度,逐步归档项目交付件,同时做好变更管控;在项目闭环阶段,项目团队必须做好项目资料归档、变更管控,企业在结项之后必须冻结所有项目资料的修改权限。

表 5-2 某企业的项目文档清单

阶段	评审节点	交付件名称	文档编号	交付件类型
准备阶段	立项决策汇报及评审	立项评估	0	PPT
		项目启动大会材料	1	PPT
		项目章程(含 SOW)	2	Word
		项目主计划	3	Excel

第 5 章

项目立项阶段——兵马未动，粮草先行

续表

阶段	评审节点	交付件名称	文档编号	交付件类型
蓝图及方案阶段	需求评审	需求及差异分析报告	4	Excel
		未来业务蓝图设计	5	PPT
	解决方案评审	系统详细解决方案	6	Word
	技术方案评审	系统集成架构和接口规范	7	Word
		客户化开发清单及计划	8	Excel
		数据转换策略	9	Word
系统实现阶段	技术方案评审	客户化开发功能设计文档	10	Word
		客户化开发技术设计文档	11	Word
	代码 QC	代码 QC 报告	12	Word
	测试结果评审	系统测试计划	13	Excel
		系统测试脚本（包含测试报告）	14	Word
	配置文档	系统配置文档	15	Word
		最终用户培训材料	16	PPT
上线阶段	上线评审	用户接受测试报告	17	Word
		系统上线切换报告	18	Word
		系统安装报告	19	Word
		系统运维方案	20	PPT
		生产环境事故报告	21	Word
		项目问题跟踪表	22	Excel
项目变更阶段	变更评审	变更申请表	23	Word
		变更跟踪表	24	Excel
运行及支持阶段	SVN 文档库	问题跟踪表	25	Excel
		客户化代码	26	PKG
项目日常运作	SVN 文档库	日报	27	Excel
		周报	28	Excel
		双周报	29	Excel
		会议纪要	30	Excel
		风险登记册	31	Excel
		项目组通讯录	32	Excel
项目结项阶段	项目验收	项目验收报告	33	Word
	结项评审	项目结项报告	34	PPT
所有阶段适用	结项评审	经验教训登记册	35	Excel

与此同时，企业必须做好资料的保密与共享事宜。在项目保密周期内，依据资料访问申请审批情况，给授权人员开放权限；在项目保密周期结束后，

> **知本主义：**
> 用知识管理打造企业护城河

解锁资料访问权限，放宽访问人员范围。

华为的项目管理体系基于项目的类型和级别明确了对应的项目交付件范围、模板和样例；在项目计划阶段，质量经理将指导项目经理确定最终的项目交付件清单，确保项目投入和资料留存之间取得有效平衡，并在整个项目开展过程中辅导项目经理输出各类交付件；此外，华为还设置了专门的配置管理员，负责项目资料的过程管控，规避项目团队既做裁判员又做守门员的风险。同时，这项机制也能倒逼项目团队在一开始就基于项目最终要求进行整体思考、分析和筹备，避免走到哪儿想到哪儿，回到"三边工程""六拍运动"的老路上。

建设项目知识库的方式同样也适合非项目性团队，例如企业中的实体部门。某企业为了帮助新上岗的员工快速掌握工作技能而开展基础知识学习，以便迅速胜任工作，通过知识萃取的方法开发了很多岗位操作指导书。每当新员工转正前，企业会要求他们优化岗位操作指导书，然后请部门的老员工评审，确保内容质量没问题，这样既及时更新了指导书，又帮新员工梳理了知识体系，还降低了老员工优化指导书的工作量，一举三得。在员工的工作任务比较确定且变化频率比较低、人员流动性比较大的时候，采用这个方法取得的效果不错。

随着业务的发展，该企业要求员工一岗多能，一年也招不了多少新人，且部门拆分、合并的次数变多，岗位职责也随之调整。此时，该企业发现原有做法的维护成本较高，响应速度慢，缺少明确的责任人，无法满足业务需要，那有没有更好的办法呢？

有，办法就是把项目知识库的方法应用到部门任务的过程交付件和最终交付件的管理上。一方面，通过周例会和月例会的机制监督任务，做好资料及时归档，并做好人员变更的资料交接归档工作；另一方面，通过合理分类，团队成员对哪个目录下存放了哪些资料一目了然，便于员工需要的时候快速获取具体任务的资料，提高了信息获取的效率。即使有新员工加入，也可以通过资料分类和任务资料迅速了解情况，这样既保证了组织资料不丢失，又省下了制作岗位操作指导书和知识地图的成本。同时，这一套资料分类规则也可以应用到员工个人计算机上，实现个人资料管理习惯和团队管理方式的

第 5 章
项目立项阶段——兵马未动，粮草先行

同步。某次，笔者与一位朋友交流，他说原来在外资企业工作时，企业会不定期对员工进行抽查，请员工从个人计算机上快速找到指定文件，如果 20 秒之内找不到，就说明员工能力没有达到要求，必须进行整改，原来外资企业早就这么做了。

谈到知识库，有一个问题是无论如何也绕不开的，那就是使用何种 IT 系统来承载知识库。某企业的合伙人问笔者："企业的资料存放到哪种 IT 系统里比较好？因为最近有 IT 公司到我们公司推销产品，想听听老师的意见。"

其实，上 IT 系统是知识库建设阶段的最后一步，其前提是企业有没有基于具体的业务场景形成资料管理的规范，有没有基于保密要求形成文档安全管控原则，有没有基于员工获取资料的便利性和查找效率明确用户侧需求，如果这些方面没有确定好，直接上系统，一旦发现与实际情况不符，工作就要推倒重来，这会给企业造成损失。

那么，如何一步步推进呢？

若企业运作以项目制为主，首先，必须基于项目的级别明确项目过程交付件和最终交付件的类别、数量、模板和样例，并确保运作每个项目的时候资料都可以得到妥善归档。

其次，分析这些资料的密级，哪些是在内部公开且所有人都能看的，哪些是只有对应领域的管理层能看的，哪些是仅供企业高层管理者看的，兼顾分享和保密。

再次，从资料获取者的角度来看，设计资料的分类有项目名、项目时间、业务领域、产品类型等，可以帮助员工快速锁定自己需要的资料。

最后，基于上面的所有内容，确定 IT 系统的功能要求，启动 IT 的招标和实施工作，当然，实际操作过程比讲的要复杂，但基本逻辑是一样的。

尽管以上所讲的都是与知识库相关的内容，但不意味着数据库不重要，在实际工作过程中，数据、信息和知识是共同发挥作用的。如某企业的项目经理问笔者："当我们与客户讨论项目的交期和成本时，我们无法第一时间回答客户，因为我们自己评估不清楚，不知道怎么改变现在的局面。"该企业之所以遇到这个问题，是因为没有对项目进行分级、分类，没有对历史基线数据进行统计、分析和再应用。

项目可以分为销售项目、研发项目、交付项目、变革项目、基建项目，项目类型不同，其开展周期、投入的资源都各不相同，但同类项目之间往往具备参考意义，如果不划分项目类型，企业所记录的项目数据就很难进行对比和参考应用。对于同一类型的项目，项目级别不一样，项目的重要程度、复杂程度和管控要求不一样，项目的开展周期、投入的资源也不相同。所以企业必须同时考虑项目的类型和级别。

当某种类型的项目第一次出现时，企业难以给出明确的交期和成本，这是可以理解的，企业也必须接受这一客观事实。随着业务的开展，经过两三个项目之后，企业已经有了一定的历史数据，可以形成自己的初步判断，尽管与实际情况存在一定的偏差，但相对可控。笔者在华为从事产品研发工作时，有一段时间笔者的职责之一就是记录项目的各项过程数据，例如每日代码开发量、每日测试用例设计量与执行量、每千行代码缺陷率等，有了这些数据之后，按照一定的计算逻辑进行测算，企业就能给出准确的交期、成本估算结果，从而有效指导客户界面的沟通和项目计划的制订。

此类投入看起来都是成本，但它是有效决策的基础，它恰恰是一家企业在时间积累之下所形成的隐性竞争优势。当竞争对手迟迟无法给出交期和价格，或因为估算结果与实际情况有重大偏差导致迟迟无法交付，或因预算超标导致交付质量下降时，我们能够做到这些，毫无疑问，是能够赢得客户信赖的。同时，对于企业内部来说，无论是资金还是人力，都能实现最大化利用和更高的周转效率，将浪费控制在较低水平，且项目的整体运作过程平稳不折腾，这不就是企业想要的结果吗？

5.4 做实决策评审，让鲜血不白流

您所在的企业有例行的项目决策机制吗？

您所在的企业进行项目决策时是如何保证决策质量的？

项目开展过程中所获得的经验教训是如何提高项目决策质量的？

第 5 章

项目立项阶段——兵马未动，粮草先行

在经济困难之时，某高端酒店为了渡过难关，不得不减少工资支出，在不裁员的前提下，有3种应对策略——只降低普通员工的工资、只降低管理者的工资、降低所有人的工资，该酒店应该选择哪种策略呢？每一种选择都有利有弊。巧合的是，该酒店在几年之内经历了两次困难，分别采取了"只降低普通员工的工资""只降低管理者的工资"这两种策略，唯独没有采取"降低所有人的工资"这一策略，因为该酒店认为降低所有人的工资相当于吃大锅饭，全体员工的积极性无法提高，所以没有采取这一策略。

在第一次面临危机时，该酒店采取的策略是"只降低管理者的工资"。该酒店高层管理者认为，管理者的工资比普通员工的高，降低管理者的工资对其生活影响不大；管理者要以身作则，带头应对危机。该酒店承诺只要经营情况好转，就恢复管理者的工资待遇。

在第二次面临危机时，该酒店采取的策略是"只降低普通员工的工资"。该酒店高层管理者认为，管理者是酒店的核心资源，只有保证管理者的利益不受损，他们才会坚定不移地与酒店共渡难关；而普通员工的流失率一直以来就比较高，哪怕因降低工资导致员工流失率变高也能接受，考虑到周边所有酒店的情况都差不多，员工离职后不好找工作，即使降低工资普通员工也不一定会离开。

最终结果如何？在第一次面临危机时，普通员工看到管理者带头降薪，内心充满感激，认为自己必须更加努力工作才对得起管理者的付出，管理者看到普通员工的状态之后，也坚定了带领团队共渡难关的信心和决心，不久之后，酒店经营情况好转，管理者的工资待遇恢复，团队的工作氛围也得到了改变。

在第二次面临危机时，尽管该酒店保证了管理者的利益，但管理者并不开心，他们认为自己抛弃了员工，同时，降低普通员工的工资后，酒店的服务质量持续下降，客户满意度不断降低，客户投诉逐渐增多，虽然后来危机结束了，但是所有员工对酒店的归属感下降了。

什么是决策？决策最难的是什么？彼得·德鲁克认为决策是一种判断，是若干项方案中的选择。所谓选择，通常不是"是"与"非"之间的选择，

> **知本主义：**
> 用知识管理打造企业护城河

而是"大概对的"与"也许是错的"之间的选择，比较常见的情况是在面对多个"大概对的"策略时，不知道选哪个策略成功概率更大一些，就像前面的酒店案例一样，尽管两次都渡过了难关，但是第二次的结果不如第一次。

当固定电话在我国逐渐兴起时，华为推出了一款跨时代的产品——子母机，母机是固定电话，子机就像手机一样，只要在母机的信号范围之内，消费者就可以通过子机在家里一边打电话一边做其他事情，而不用固定在座机旁边。这是一款非常好的创新产品，能够满足许多人的需要，遗憾的是，几乎没有人购买这款产品，不是因为它的功能不够好，而是消费者不会用，因为子机要能实现移动打电话，必须通过参数配置来连通母机和子机之间的信号，这个过程非常像手机之间通过蓝牙配对一样。而在那时候，普通老百姓对通信知识的了解非常有限，即使华为提供了产品说明书，一些人也看不懂，更别说操作了，最后，华为不得不自己内部消化掉这款产品。

笔者刚进入华为工作时，华为实验室里面就使用了这款产品，虽然已经过去很多年，但是当时的场景仍历历在目，穿着白大褂的技术人员，一只手拿着子机打电话，一边调试服务器。直到后面手机慢慢普及，这款产品也被放到了实验室的保密柜里面，退出了人们的视野，假如有机会再去华为实验室，或许还能在保密柜中找到它们。此后，华为总结了经验教训——技术的领先并不意味着商业的成功，我们不是工程师，而是"工程商人"。

有效的决策，其本质是一种行动的规范，是包含着明确要素的一套系统化的程序。华为的研发项目有两类评审点——技术评审和决策评审（见图5-1），技术评审由技术专家团队负责，确保产品的质量、可靠性、可服务性等方面没有问题，技术上可以实现既定的功能目标；决策评审由核心管理团队负责，解决是否进一步投入资金和资源，让项目继续往下开展的问题，确保产品在推向市场之后获得商业成功。通过规范化的技术评审和决策评审，企业能在一定程度上保证决策质量，不会因为人员的变化、个体之间经验的差异使决策效果大范围波动，遗憾的是，很多企业没有充分认识到这件事情的重要性，也没有优化决策评审机制。

第 5 章

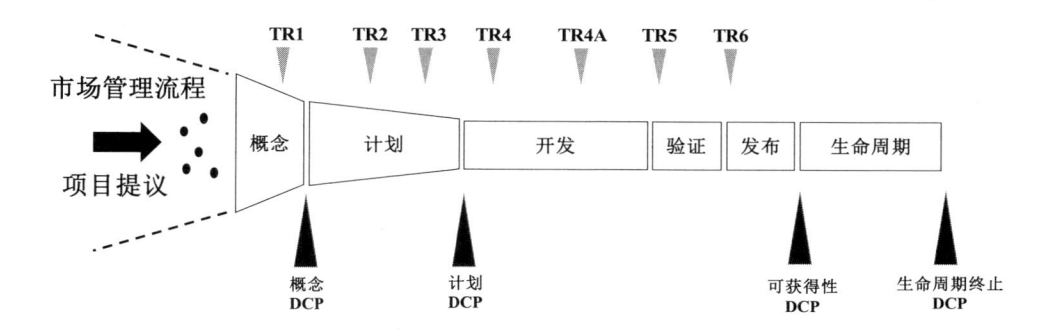

项目立项阶段——兵马未动,粮草先行

图 5-1 华为研发项目的两类评审点

开展决策评审,不是请一些领导过来开会,拍脑袋做决策,它有严谨的评审过程,其中一项重要内容就是评审清单,这份评审清单是基于企业的成功经验和教训沉淀并总结出来的,所有参与决策评审的人员必须在会前完成对评审清单上各项内容的检查工作,对于不清楚、有疑义的内容必须在决策评审时进行讨论;在决策评审结束后,必须给出结论,结论只有 3 个——通过、不通过、带条件通过。"通过"表示项目可以继续,"不通过"表示整改或直接暂停/取消项目,"带条件通过"表示尽管项目可以继续推进,但必须尽快完成未通过事项的整改。

按照华为的通常做法,项目团队会先对照评审清单进行自检,确保准备无误后才会提交决策评审的申请。笔者在担任项目经理时,每次过决策评审点都要核对几十条甚至上百条评审项,对于不清楚的,还要向质量经理确认,与相关干系人提前沟通,确保一次性通过决策评审。表 5-3 所示为某公司投资立项的评审清单,满足的条件越多,说明风险越小,反之则要准备对应的预案,确保项目成功。

表 5-3 某公司投资立项的评审清单

类别	内容	分项	检查说明
机会	核心产业	➤ 当前项目是否属于集团或本公司的核心产业? ➤ 是否符合公司战略及发展规划?	是☐否☐
	产业互补	➤ 如多元化发展,当前核心产业是否达到了市场天花板?或在 3~5 年内达到市场天花板? ➤ 如果已达到或即将达到市场天花板,当前项目是否能够与集团或本公司的核心产业互补协同?	是☐否☐

> **知本主义：**
> 用知识管理打造企业护城河

续表

类别	内容	分项	检查说明
机会	国家政策	➢ 项目是否属于国家政策未来 5~15 年重点支持产品或行业？	是□否□
	地方政策	➢ 项目贴合当地（如深圳）产业规划/发展政策要求，是否受当地法律法规保护？	是□否□
产业选择	高端原则	➢ 当前项目是否处于产业链高端？（如制造业中的高科技制造业）	是□否□
	高附加值原则	➢ 当前项目投产后是否具有较高的附加值？	是□否□
	大空间原则	➢ 全球或我国当前市场空间是否达到 100 亿元？ ➢ 全球或我国未来 15 年市场空间增长率是否会大于 10%？ ➢ 当前项目是否受新旧产能升级替换影响？	是□否□
	大成长原则	➢ 目标市场还未出现龙头企业或垄断性企业？ ➢ 目标市场是否处于百花齐放的状态？ ➢ 目标市场是否处于供小于求的状态？	是□否□
	大壁垒原则	➢ 从全球范围来看，当前项目所涉及的核心技术是否成熟？ ➢ 在我国，当前项目所涉及的核心技术是否成熟？	是□否□
		➢ 哪些企业已掌握当前项目所涉及的核心技术？ ➢ 我们是否已掌握当前项目所涉及的核心技术？	是□否□
		➢ 产品研发的实施路径或产品技术路线图说明。 ➢ 产品与公司研发能力匹配度。 ➢ 产品与公司产能、产线规划匹配度。 ➢ 产品与公司质量管理体系匹配度。	简要说明
		➢ 我们所选择的技术路线能否形成技术壁垒？	是□否□
		➢ 是否存在能达到同样效果的其他技术路线？两者之间的优势、劣势如何？	简要说明
		➢ 要突破该核心技术，重点、难点分别是什么？ ➢ "卡脖子"的技术是什么？	简要说明
	风险互补原则	➢ 当前项目是否能与已有业务形成风险互补组合，从而降低整体经营风险，促进公司保持长期健康的状态。	是□否□

要想评审清单真正发挥作用，就得要求所有参与决策评审的人员在开展评审工作之前完成关于评审清单的培训，确保所有人充分了解相关要求。

同时，评审清单不能只是一个选项列表，因为列表能呈现的内容非常有限，当项目团队和评审专家第一次使用它时，不一定能准确理解，遇到一些表达比较模糊的检查项，甚至都不知道如何判断，根本不清楚为什么要有这条检查项。所以，有效的评审清单必须在每个检查项前面增加一个编号，通过编号可以在企业知识库中找到对应检查项的背景说明，包括提出这条检查项的项目、当事人、原因和检查项变更的情况。在具体操作的时候，也可以做个超链接，将检查项与知识库中的说明文件关联起来，当使用人不清楚情况时，可以通过超链接直接访问知识库中的说明文件，如果看了说明文件之后还是没弄明白，就可以向项目管理办公室或能力看护部门咨询。

如果没有这些琐碎的、基础性的工作为决策评审保驾护航，员工就只能按照自己的理解勾选检查项，最后评审质量又会回到因人而异的状态。

当项目不满足评审清单中的部分检查项时，是不是就不让项目继续了呢？答案是看情况，评审清单可以帮助企业充分识别风险，提高成功的概率，但在机遇面前，尤其是重大发展机遇面前，必须冒一点儿风险才能成功，例如华为当年认为 3G 是未来的发展趋势，虽然错过了发展小灵通的机会，却奠定了华为后续快速崛起的基础。面对发展机遇，考验的往往是企业高层管理者能否洞察到外部趋势的变化，企业能否充分了解市场和客户需求的变化。

此外，企业必须保证评审清单与时俱进，例如在项目开展过程中，及时基于经验教训完善并优化评审清单；又如每年例行对评审清单进行审视，删除那些不合时宜的检查项，减少决策评审的资源浪费。

华为认为自身成功的关键经验教训是"方向大致正确，组织充满活力"，决策不对，方向就不可能正确；要决策对，也不能完全寄希望于极个别的能人，而是用确定性的规则应对不确定性，这个规则的建立是一个持续积累、迭代更新的过程。正所谓，合抱之木，生于毫末；九层之台，起于累土；千里之行，始于足下。

综上所述，项目管理办公室必须联合各能力看护部门做好决策评审机制的建设和看护工作，做好决策评审清单的制定、更新和有效应用。很多企业受行业属性、发展规模等方面的影响，并没有成立专职的项目管理办公室，怎么办呢？企业可以识别哪个部门负责组织和监督企业战略的制定与执行，或企业年度重点工作的制定与执行，由该部门负责这项工作。

第 6 章

项目计划阶段——凡事预则立,不预则废

知本主义：

用知识管理打造企业护城河

当事情具有不确定性时，我们如何找到指向胜利的那一缕微光？才能卓越的领导往往能凭借敏锐的直觉洞察未来的发展趋势，但大部分企业很少有这样的领导，所以，企业必须寻找确定性的方法，建立有效机制，让平凡之人成就非凡之事。而项目计划阶段的核心是明确项目挑战，找准问题，借助集体智慧，胜于易胜[①]。

6.1 项目知识计划：给项目风险控制上保险

您所在的企业有针对项目风险制订应对计划的要求吗？

企业内外部知识的获取和应用是如何与项目风险管理有机结合的？

在项目开展过程中，除了考虑解决当前的问题，还会考虑支持未来的项目获得成功吗？

"胜兵先胜而后求战，败兵先战而后求胜"[②]，讲的是善于打仗的人，在动手之前，一定会仔细谋划、模拟，充分考虑各种风险及应对措施，先在心里打败对手，再一鼓作气在现实中打败对手；不善于打仗的人，不管三七二十一，先动手再说，边打边想办法如何应对。那么，谁的胜算更高呢？毫无疑问是前者。项目知识计划就是一种有效支持项目识别风险并应对风险的方法，它定义了一个项目如何管理自己的知识，包含项目需要的知识和项目开展过程中产生的知识，项目知识计划作用机理示意图如图 6-1 所示。

---

① 胜于易胜：见《孙子兵法》第四篇"古之所谓善战者，胜于易胜者也"。指善于打仗的人，都是在容易取胜的条件下战胜敌人的，而"容易取胜的条件"则是军队事先创造出来的。

② 胜兵先胜而后求战，败兵先战而后求胜：见《孙子兵法》第四篇。

第 6 章

项目计划阶段——凡事预则立，不预则废

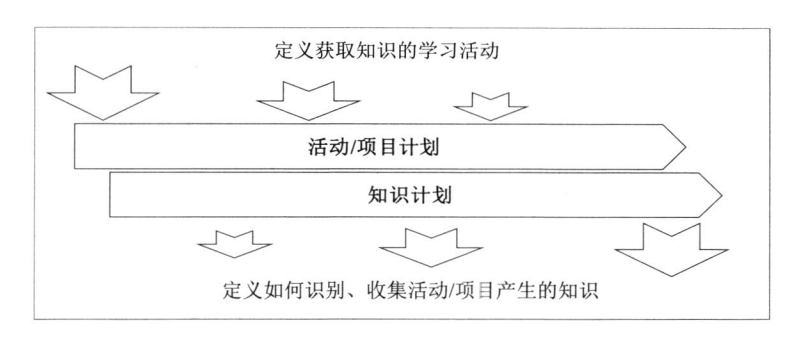

图 6-1　项目知识计划作用机理示意图

项目团队在编制项目计划时，需要分析项目即将遇到的问题和挑战。如果项目团队需要解决遇到的问题和挑战，就要开展事前借鉴活动，例如找哪些资料、向谁学习，这些内容组成了项目知识计划的第一部分，即项目需要什么知识，所以，图 6-1 中最上面的 3 个箭头是从外部指向项目的。

项目刚开始的时候，因为还没有度过爬坡期，所以仍然具有不确定性，学习活动也比较多。随着项目不断开展，问题被逐个解决，项目团队成员的能力也越来越强，项目开始进入正轨，需要学习的内容逐步减少，所以，图 6-1 中最上面的 3 个箭头是由大到小的。

与此同时，随着项目不断开展，项目团队会逐步总结各种经验教训，越往后，随着阶段性成果不断输出，总结的经验教训也越来越多，所以图 6-1 中最下面的 3 个箭头是由小到大的；又因为这些经验教训主要是让其他项目、未来的项目学习，所以这 3 个箭头是从项目指向外部的。

制订项目知识计划需要遵循以下两个基本原则。

原则一：在完成项目计划初稿后，马上启动知识计划的制订工作，并将知识计划整合到项目计划中。制订和实施知识计划，可以有效提高团队对项目的理解和掌控力，使行动越来越清晰，从而提高项目计划的有效性和可行性。把知识计划整合到项目计划中，既能让团队清楚了解知识计划支撑了项目中的哪些活动，又能确保知识计划的执行得到统一监管和控制。

原则二：在项目开展过程中，团队要依据当前的情况不断地调整知识计划，直至项目结束。项目知识计划不是只制订一次，而是在刷新项目计划之后同步被刷新，确保知识计划能持续支撑项目各阶段目标达成，这一点尤其重要。

项目知识计划模板如表 6-1 所示，它包括"需要输入哪些知识"和"需要输出什么知识"两部分。

表 6-1 项目知识计划模板

需要输入哪些知识							
知识需求		知识的来源有哪些	谁需要这些知识	执行责任人	完成时间	状态（可选）	优先级（可选）
问题类别	需要回答哪些问题						
需要输出什么知识							
捕获哪些知识	捕获知识采取的行动	输出的交付件	存放或分享的位置	执行责任人	完成时间	状态（可选）	优先级（可选）

项目知识计划的第一部分是需要输入哪些知识。开展工作的整体逻辑是"事—人—方法"，即首先把事情理顺，包括项目的目的、目标、阶段性的里程碑节点，里程碑节点必须有明确的阶段性交付成果或最终成果，然后确定每个任务的责任人，最后找到正确的方法把事情做好。

此时，项目经理要基于项目计划分析项目风险，包括问题类别、需要回答哪些问题、知识的来源有哪些、谁需要这些知识、执行责任人、完成时间、状态、优先级，通常项目知识计划的执行责任人和对应项目活动的执行责任人保持一致。

以"在今年 12 月去美国旅行 10 天"为例。先制订旅行计划，包括几个关键的里程碑节点，例如旅游规划、签证办理、游玩名胜古迹等，同时每个关键任务的责任人也被确定下来。再针对每个里程碑节点制订相关的知识计划，以旅游规划为例，旅行团会遇到出行、打包、城市、住宿等方面的问题，如"以什么方式到达美国""需要花多长时间""美国那边天气怎么样""应该穿什么""如何把行李带过去"等，如果我们不清楚这些事情，就可以通过旅游网站或向有旅行经验的人了解，并明确具体的执行责任人和完成时间。

以上只是一个简单的举例说明，真实情况往往更复杂，项目知识计划是所有项目知识管理活动中掌握难度比较大的，因为未来充满不确定性，谁也不知道项目计划阶段的分析和采取的行动能否有效解决项目所面临的困难和挑战，所以项目团队不得不这么做。

需求分析雷达（见图6-2）能够有效帮助项目团队分析知识需求。当完成项目计划初稿时，项目团队可以对每个任务进行分析，不断地向自己提问。

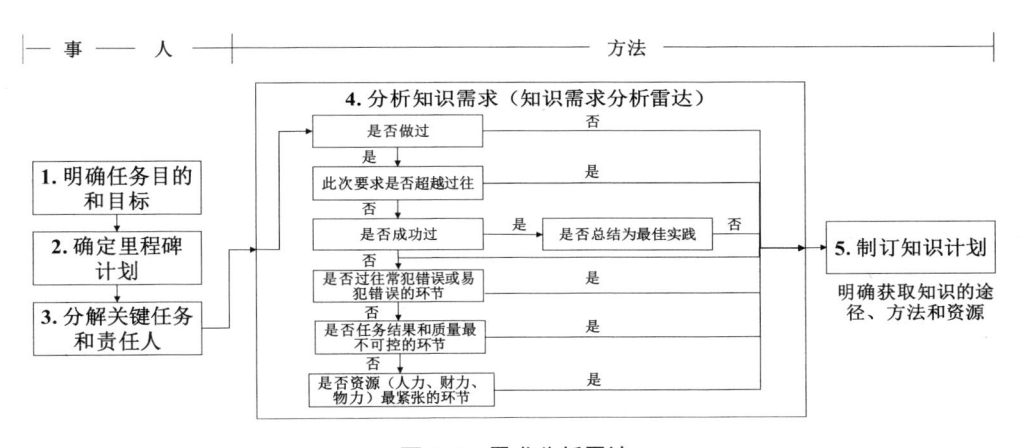

图 6-2　需求分析雷达

例如，针对某个任务，项目团队是否做过？如果项目团队没有做过，就说明这个任务存在风险。项目团队必须制订相应的知识计划，通过学习业界最佳实践，尽可能地一次把事情做到最好。

如果项目团队做过，就接着问此次任务的要求是否超越过往。如果超越过往，就意味着过去的做法不一定能满足项目开展的需要，此时同样需要制订项目知识计划。

如果此次任务的要求没有超越过往，项目团队就要问自己此前这个任务是否成功过。如果成功过，项目团队"是否总结为最佳实践"，如果没有，就要制订项目知识计划；如果没有成功过，毫无疑问必须制订项目知识计划。

此外，项目团队还要问这个任务"是否过往常犯错误或易犯错误的环节"

知本主义：
用知识管理打造企业护城河

"是否任务结果和质量最不可控的环节""是否资源（人力、财力、物力）最紧张的环节"。如果是，就必须制订项目知识计划。

注意，不必事无巨细，找到关键挑战便可，否则管理成本就太高了。如果确定了项目中可能存在的问题、挑战和风险，就要制定针对性的学习行动。一共有 3 种学习行动策略（见图 6-3）——团队搭配、经验借鉴、团队共创，"5.2 组建多元化团队，实现 1+1>2 的效果"一节中对团队搭配进行了详细说明，此处不再赘述；经验借鉴主要包括找资料和找专家两个方面，图 6-3 所示给出了具体方式；团队共创则涉及团队内和跨团队两个维度，团队内通过复盘总结经验教训，以共识建导的方式共创解决方案，跨团队可以以众筹的方式收集全体员工的创意和建议，或以众包的方式共同完成任务。

策略一：团队搭配	策略二：经验借鉴	策略三：团队共创
角色多样性： PM、开发经理、测试经理等 **知识多样性：** 开发、测试、生产、采购等 **心智多样性：** 乐观、悲观、主动、保守等	**找资料：** ● 流程/指导书 ● 搜索和阅读案例 **找专家：** ● 给专家打电话 ● 向实践社区询问 ● 同行协助会议 ● 团队拜访与观摩	**团队内：** ● 复盘总结经验教训 ● 共识建导 **跨团队：** ● 众筹与众包

图 6-3　3 种学习行动策略

因经验借鉴是操作难度较低、收效较快的策略，此处进行重点讲解。在开展经验借鉴活动时，企业必须遵循先"企业内"再"企业外"、先"专家"再"自研"、先"搜索"再"咨询"的基本原则，实现投入产出的最大化。因为企业内部的实践是自己探索、总结出来的，很有可能被复制，且复制成本比较低，所以第一时间考虑企业内部的实践，当然，企业外部的实践也不能忽略。

先"专家"再"自研"，目的是减少试错或重新发明的成本，对于很多事情，专家一句话就能解答，自己琢磨可能会浪费很多时间和资源。但问专家之前，必须先"搜索"再"咨询"，不要浪费专家的时间，对于一些基本

第 6 章

项目计划阶段——凡事预则立，不预则废

概念和常识，尽可能地通过企业内外部知识库来学习，然后带着问题去找专家，实现专家资源利用的最大化。

项目知识计划的第二部分是需要输出什么知识。此时，项目团队应该考虑捕获哪些知识、捕获知识采取的行动、输出的交付件（如文档、图片、视频、模板）、存放或分享的位置、执行责任人、完成时间、状态、优先级。与知识获取行动一样，输出知识的执行责任人也是对应项目活动的执行责任人。

项目团队总结经验教训不能事无巨细，要依据事件的特性，有针对性地沉淀知识，并结合其他项目团队的需要，快速分享知识。例如对客户有重大价值的事情、0~1 的事情、反复做的事情、成功的经验、失败的教训等。

华为不仅将项目知识计划用于常规的研发项目，如前文所讲的 K PDU 的 T 项目试点，还将其用于业务搬迁等非常规项目，如华为 B 产品线某业务从深圳搬迁到成都。华为 B 产品线某业务模块是运营商业务中比较赚钱的产品，为产品线贡献了大份额收入和利润；同时也是比较复杂的产品，代码规模数百万行，单个设备覆盖上百万个用户，现运行数千套，规模大，影响大；虽然华为开展过多次业务搬迁，但是没有进行过知识收割[①]，搬迁经验散布在以前搬迁项目当事人的头脑中。

从历史搬迁与此次搬迁的对比（见表 6-2）中可以看出项目团队面临的巨大挑战。

表 6-2　历史搬迁与此次搬迁的对比

维度	以前	现在
搬迁时间	2.5 年以上	1.5 年
产品代码规模	最高 200 万行代码	数百万行代码
搬迁人员	最多 100 人	数百人
新员工比例	最高 45%	高达 64%

为了保证项目获得成功，项目经理带领项目团队核心骨干，按照隐性经验显性化、显性知识流程化、流程工具化的整体策略，制订项目级知识计划

---

① 知识收割：一种将经验固化为组织能力的复盘方法，详见"8.2 知识收割：将经验固化为组织能力"。

知本主义：
用知识管理打造企业护城河

和个人级知识计划，从事前借鉴、事中总结、事后固化 3 个维度制定了一系列行动，并有效落实到位。经过团队成员的共同努力，业务搬迁项目实现业务无损、资产无损、能力无损 3 个目标，如新人快速成长，承担超过 30% 的工作；新团队的缺陷率和老团队的缺陷率持平；新团队在开发过程中未出现低级问题；产品开发流程、工具、方法等组织知识资产完整传承到新团队；输出系统的业务迁移宝典，让后续搬迁简单高效。

企业执行项目知识计划的时候，并不是按照模板僵硬地执行，而是基于方法的核心理念开展指导工作。例如英国石油公司开展项目的时候，往往会设置项目知识经理，其职责由项目风险经理兼任，确保知识的获取和应用能够匹配项目风险的识别与解决。又如在项目开展过程中，项目团队例行召开每日晨会，此时项目团队成员会互相告知自己昨天的成果、今天的计划、需要的帮助等，刚开始的时候员工还觉得新鲜，时间一长就慢慢流于形式，在这个场景中就可以把知识计划的核心理念应用进去，分析今天关键任务的风险，识别团队内外部可借鉴的经验教训；同理，在开展项目周例会的时候也可以这样应用。

此外，按照 PDCA 的工作开展逻辑，项目知识计划是计划（P）的重要内容，可以应用到企业的各项工作开展过程中。

以下是开展项目知识计划时总结的经验教训。

- 一定要花时间编制知识计划，否则，事情最终还会找上项目团队。
- 分析要获取的知识时，不是事无巨细都考虑，而是找到关键挑战。
- 知识风险是项目风险的重要组成部分，可以与项目的风险管理活动融合。
- 一定要围绕项目计划识别知识风险，避免想到哪做到哪。
- 依据项目开展情况，持续刷新知识计划，避免半途而废。
- 如果项目周期很长、很复杂，就优先制订当前阶段的知识计划。

为了便于大家快速了解、回顾和使用项目知识计划这个工具，笔者将关键知识点整理成了方法论，项目知识计划一页纸方法论如图 6-4 所示。

第 6 章

项目计划阶段——凡事预则立，不预则废

概述
- 定义：知识计划定义了一个活动或项目如何管理它的知识，含活动或项目需要的知识、活动或项目中产生的知识。
- 适用场景：符合工作内容复杂、成员能力参差不齐、项目周期长等任一条件的项目。

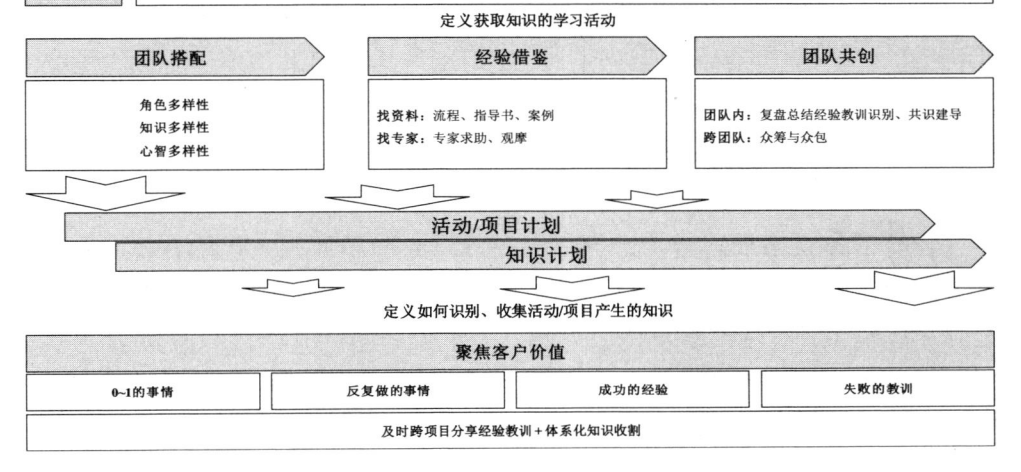

定义获取知识的学习活动

团队搭配	经验借鉴	团队共创
角色多样性 知识多样性 心智多样性	找资料：流程、指导书、案例 找专家：专家求助、观摩	团队内：复盘总结经验教训识别、共识建导 跨团队：众筹与众包

活动/项目计划

知识计划

定义如何识别、收集活动/项目产生的知识

聚焦客户价值

0~1的事情	反复做的事情	成功的经验	失败的教训

及时跨项目分享经验教训 + 体系化知识收割

图 6-4 项目知识计划一页纸方法论

6.2 行动前回顾：盘点现有知识，促进知识应用

您所在企业筹备项目的时候，是否会盘点现有知识以帮助当前项目取得成功？

对于大型项目和复杂项目，如何保证企业内部的经验教训被有效传递给当前项目？

项目启动会是如何召开的？除了介绍项目情况，项目启动会是否还会进行经验教训传递和专项赋能？

行动前回顾是英国石油公司开展项目的时候经常使用的方法，是指在做一件事情之前，对已有知识进行审视和应用，帮助项目团队成员识别知识缺口，在团队内快速找到实现目标的知识来源，帮助项目团队快速了解相关知识，并根据获得的知识确定后续行动计划。

> **知本主义：**
> 用知识管理打造企业护城河

通过这个方法，可以有效避免项目团队成员因知识缺口而出现重大失误，避免重犯低级错误，有效降低重新发明的成本，用比同行协助更低的成本获取知识，在制订项目知识计划时，可以同时使用这个方法，以获得更佳效果。该方法比较简单，由活动筹备、回顾会议和闭环行动组成。

在筹备阶段，首先，企业要基于项目目标，分析团队中是否有人具有相关经验。如果有人具备条件，就可以邀请有经验的人员参加会议。然后，确定会议地点、时间，以及引导员、记录员。

一切准备就绪后，开始会议，项目经理先简单介绍会议的背景和目的，接着共同确定此次项目的目标，并进行针对性分析，例如，我们有哪些成功经验可以借鉴，有哪些教训需要总结，为了帮助项目成功我们需要学习哪些知识，这些知识在哪里，我们要采取什么行动来获得和应用这些知识。

在项目开展过程中，按照上面所讲的方法执行便可。华为内部也有一些类似的实践，例如登舰、项目预集成。

2010年，华为发生了一起重大的客户投诉事件——马来西亚电信事故，尽管在华为的努力下，事故得到妥善处理，但这件事情暴露了很多问题，华为不断进行深层次反思，例如我们到底将客户放在哪里，面对问题我们的态度应该是什么样的，我们是否知道客户对我们的期望值，如何以客户为中心，什么是奋斗。马来西亚电信事故的案例目录如表6-3所示，从中可一窥华为陷入困境的大概过程和刻骨铭心的自我反思。

表6-3 马来西亚电信事故的案例目录

我们还在以客户为中心吗？		
第1章 客户的失望与愤怒——CEO的投诉		
第2章 风平浪静下暗流涌动	第1节	暗流之一：频繁更换达不到要求的PD
	第2节	暗流之二：EOT
	第3节	暗流之三：看起来很美
第3章 一步步滑向泥潭	第1节	泥潭之一：谁遗忘了马电的交付
	第2节	泥潭之二：名存实亡的Sponsor
	第3节	泥潭之三：解决方案的误区
	第4节	泥潭之四：都在忙"自己"那一块
	第5节	泥潭之五：阴差阳错
	第6节	泥潭之六：一错再错
	第7节	泥潭之七：EOT，又是EOT

第 6 章

项目计划阶段——凡事预则立，不预则废

续表

第 4 章 危机爆发	第 1 节	IPTV1：整个国家都在关注
	第 2 节	IPTV2：总算开通了
	第 3 节	IPTV3：1 个故障竟然要 7 人 3 小时
	第 4 节	连续三记闷棍
	第 5 节	开不起来的高层电话会议
	第 6 节	厚积迸发的愤怒
第 5 章 悲剧在延续	第 1 节	没有一个人到现场
	第 2 节	研究怎么回邮件，而不是解决问题
	第 3 节	谁能告诉我 2000 块板子的来龙去脉？
	第 4 节	从客户那里才能知道问题
	第 5 节	客户不是我们的猎物
第 6 章 华为人，你如何选择？	第 1 节	当下的行动
	第 2 节	流程要倒过来梳理，能力才能保障落地
	第 3 节	反思之一：我们到底将客户放在哪里？
	第 4 节	反思之二：面对问题，我们的态度？
	第 5 节	反思之三：我们知道客户对我们的期望值吗？
	第 6 节	如何以客户为中心？什么是奋斗？
	第 7 节	华为人，你如何选择？

为了避免马来西亚电信事故重演，华为投入大量资源，设计了一套"登舰"的方法，"登舰"其实是一种比喻，指的是在开展项目的初期，项目就像一艘刚刚启动的航空母舰，而航空母舰上的士兵就是项目团队成员，他们来自五湖四海，没有驾驶航空母舰的经验，项目团队必须以最快的速度将航空母舰启动，完成既定的作战计划，此时需要外部力量介入，帮助项目团队迅速度过这个磨合期，形成战斗力。

在华为，"登舰"是在战场中发生的、研讨战役如何打的战地赋能项目。当整个公司都没有形成经验时，可通过集体众创的方式，整合一线的智慧和经验形成打法，先小范围试点，再大面积推广。在实际应用中，因为"登舰"需要投入很多资源，其推广难度和操作难度比较大，所以华为的部分事业部对其进行了简化，称之为"项目预集成"。

项目初期有个标准活动叫项目启动会，"登舰"和"项目预集成"就是在项目启动会的基础上进行丰富和扩展的结果，可以将其理解为一个豪华版的启动会。"项目预集成"如何开展呢？接下来分享一个真实案例。

知本主义：
用知识管理打造企业护城河

随着业务持续扩张，华为软件项目交付从单一产品、单一项目、单一国家向多产品、多集成、多国家转变。项目团队成员来自世界各地，如中国、美国、印度、马来西亚等，有工程师、研发人员、咨询顾问、职业经理人等，他们的知识背景、作业流程和习惯、工作语言都各不相同，项目启动后，需要半年甚至更长的时间才能稳定交付动作，随之付出的代价是牺牲客户满意度，项目进度迟迟无法推进，很多项目经理都"阵亡"到这个阶段，前文中某项目经理所说的"当项目经理太苦了，做一个项目走一个人，没有人愿意做第二次"指的就是这个时期的情况。

此时，华为面临的挑战是如何将项目团队成员捏成一个整体，形成目标明确、步调一致的战斗力。于是，项目管理办公室针对软件交付项目的特点联合各专业条线能力中心，定制开发项目预集成方法论，确保项目团队在打仗初期充分融合，同时根据全球项目交付最佳实践，提炼项目交付要点，并将其作为项目团队预集成开展的核心内容，快速跳过学习曲线。

在筹备阶段，项目团队围绕战略、管控、执行3个层级进行碰撞和对齐，明确应该做什么，如何排兵布阵、对齐目标。筹备预集成活动包括邀请人员、设定讨论主题、时间、地点、会议议程等。

在开展阶段，项目团队共同分解目标，明确分工和汇报关系，确定管控模型和沟通、升级、变更机制。同时制定三方视图（包含项目集成计划），明确客户、华为、第三方必须共同遵守的交付视图，约定彼此的分工界面、任务依赖关系、关键里程碑的要求，提前识别项目风险，制定规避措施。接着，对齐战略、管控、执行3个层级的内容，上下同欲，并卷入区域业务管理和人事管理团队，确保经营管理团队、项目团队和周边团队对齐项目战略目标、交付目标和交付策略，让区域领导和强周边干系人参与到交付活动中。

在启航阶段，通过仪式来增强各团队重契约、重承诺交付的意识，落地项目预集成成果，例如项目投资人和项目经理签署项目商业计划书、项目关键角色签署个人绩效承诺和宣誓、发布项目计划等。

方法论发布后，一共8个区域14个公司级项目开展项目预集成，并获得非常好的结果，例如项目团队在交付初期有组织、系统化地进行碰撞和对齐，快速组建团队并站好队形，缩短了磨合期；导入全球项目交付最佳实践，让项目站在前人的肩膀上，提升项目交付质量和效率；项目经理打一个跑一个的情况得到了有效改善；项目预集成实践被固化到"应用与系统集成"流程中，并作为项目标准动作来执行。

无论是英国石油公司的行动前回顾，还是华为的"登舰"和"项目预集成"，都是企业基于项目的特点有针对性地设计的事前借鉴方法，帮助项目团队跳过学习曲线、快速形成战斗力。行动前回顾操作简单，项目团队可以随时随地使用，而对于大型的复杂项目，尤其是项目团队经验不足的情况下，则需考虑华为"登舰"或"项目预集成"的做法，此时，项目管理办公室需要承担"登舰"和"项目预集成"的组织职责，调动相关资源提供支持。

就像毛主席所说的"我们不打无准备之仗，不打无把握之仗，在战斗中要一个阵地一个阵地地夺取。总之要大处着眼，小处着手"[1]，项目计划阶段所做的知识管理活动就是帮助项目团队有把握夺取一个个阵地。

---

[1] 中共中央文献研究室：《毛泽东文集（第五卷）》，人民出版社，1996，第 27 页。

第 7 章

项目执行阶段——干中学,学中干

知本主义：
用知识管理打造企业护城河

人类对事物的认知是先从感觉开始的，通过实践去探索和验证，接着总结并提高认知和理解，最后进入新一轮探索和实践，如此循环往复，使事物从量变到质变。项目执行阶段就是一个干中学、学中干的持续改善过程，在这一阶段付出的努力都会助力项目目标达成。

7.1 同行协助：让新手团队第一次就做到组织最佳水平

您所在企业的历史项目的经验教训在其他项目中得到有效应用了吗？

当项目面临困难和挑战时，团队能否在第一时间系统地获取组织内的专家经验？

您所在企业是否建立了一套激发专家在百忙之中抽出时间给面临困难的项目贡献智慧的机制？

同行协助是一个有引导、结构化的对话过程，旨在通过提供同行经验和专业建议，解决新手团队遇到的问题，帮助新手团队快速跳过学习曲线，有效降低项目成本，让新手团队第一次就做到组织最佳水平，其过程类似医院的专家会诊。

开展知识管理比较难的是让员工主动学习并分享知识。知识只有在人们需要时才会被接受，而这个被需要的时机叫作学习契机，同行协助就是在这时候使用的方法，它特别适合传递高价值、内容丰富或复杂的知识，能够以实践为基础为项目团队深度思考的关键问题提供定制解决方案。

同行协助的关键是"同行+协助"。"同行"是指从事与求助方一样工作的人，彼此之间不存在上下级关系，相互平等。组织层级有时会阻碍人们自由交流，而同行之间更容易敞开心扉，更愿意分享经验。此外，没有实践就

第 7 章

项目执行阶段——干中学，学中干

没有发言权，有类似经验的同行更能给出合理建议。

"协助"代表帮助，不是评审。求助方在发现风险或问题的第一时间召开同行协助会议，要求在开展协助前 3~5 天对项目中的关键问题进行整理，并在同行协助会议开始前发给同行，使对方做好准备；同行协助会议结束后将学到的经验付诸行动，降低试错成本。

同行协助是"有引导、结构化的对话过程"，不是培训，也不是指导。结构化的引导，确保过程有序、深度激发；会议上，求助方与同行之间、同行与同行之间通过对话不断地澄清、探讨，互相激发，互相学习，如图 7-1 所示，通过同行协助，不仅互通有无，还能找到新的可能，让行动更有效。

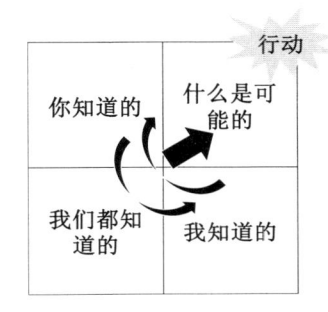

图 7-1 通过同行协助互相学习、碰撞

在华为从事知识管理工作的期间，笔者曾支持产品线的项目管理办公室开展过多次同行协助，帮助多个项目解决棘手问题。D 国 D 公司既是全球 TOP 电信运营商，也是华为的重要客户，N 产品作为华为某产品线的拳头产品，在某年顺利中标 D 公司（以下简称 N 项目），N 产品的团队希望通过 N 项目的成功交付快速打开欧洲发达国家的市场。但是 N 项目的交付过程非常不顺利，华为的产品架构和功能规划被客户质疑，华为对客户的承诺屡屡跳票，客户投诉华为"如果在××（时间）之前没有改变，就终止合同"。

当时，谭新德老师和笔者及某产品线的知识管理专家正在西班牙出差，支持当地项目的知识收割，突然某天下午收到产品线高管的求助信，希望通过知识管理解决问题。我们当天就安排同事到 D 国现场了解情况，当时华为研发开发部部长也在 D 国的 N 项目交付现场，在向他了解情况的时候，

知本主义：
用知识管理打造企业护城河

他无奈地说了 3 个字"搞不定"，一位久经考验的部门领导说出这样的话让我们非常吃惊，通过进一步了解，现状确实触目惊心。

首先，N 产品研发团队的后勤力量已经达到极限。产品线负责 N 产品的研发团队约有 600 人，其中能力较强的 300 人全部投入 N 项目中，剩余人员负责全球的其他项目，因为 N 产品非常复杂，招不到合适的人，即使有合适的候选人，也需要一段时间了解情况，所以远水救不了近火。

其次，员工疲惫不堪。因为项目开发、交付周期非常长，员工基本每天工作到凌晨一两点，因为长期超负荷工作，不少人的抵抗力下降，极个别体质较差的员工甚至出现咯血的情况。

最后，团队士气十分低落。当时华为已经推出了内部人才市场政策[①]，为认可公司文化、具备丰富经验的员工提供内部换岗机会，一旦员工申请入内部人才市场并通过接收部门的面试，就可以不经过所在部门业务主管和人力资源部门的审批在两周之内完成换岗。N 项目的团队成员因长期看不到项目突破的希望，很多员工通过内部人才资源池离开项目，真是"屋漏偏逢连夜雨"。

面对如此严峻的情况，我们决定通过同行协助的方式，帮助 N 项目团队渡过难关。在丁耘等华为高管的支持下，在两天之内完成优秀项目经理的识别，他们要么曾经成功交付过 D 国 D 公司的其他项目，要么曾经成功交付过同类电信运营商项目，如无线 PS 产品、GUC 产品、英国 VDF（沃达丰电信运营商）项目团队等。与此同时，N 项目团队也紧锣密鼓地对项目问题和痛点进行识别，一周之后，分别从对客管理和对内管理两方面识别出 10

---

① 内部人才市场政策：华为内部人才流动机制的一种。华为每培养一个员工投入非常多的资源，这里指的不仅仅是培训，更多的是实践机会。因为各种原因，员工可能会离开华为，而内部人才市场为这些人提供了一个重新选择的机会；对于企业来说，这些人在步入新的岗位后，将会产生 Z 字形发展的效果，同时，因为这些人就是华为的老员工，了解企业、具备一定的人脉基础，所以能够更快地适应岗位，相对重新招聘员工来说，性价比更高。所以内部人才市场是一种双赢的处理方式，为了保证内部人才市场有效运作，其人事调动流程无须经过申请人所在部门审批，只要符合条件，最长一个月后强制调动到新岗位。

个问题,并发给同行提前了解。

因为项目团队和同行专家在全球不同的国家和城市工作,所以只能通过远程视频会议系统进行交流,加上欧洲国家和亚洲国家的时差,经过精密筹备后,组织了两场同行协助会议,分别解决对客管理和对内管理的问题,每次会议都是八地接入,海外有德国和英国,国内有南京、西安、上海、成都、深圳、北京。在这个过程中,项目团队的问题都得到了有效解答,并且同行也指出了其他风险。

项目团队立刻按照同行建议进行调整,通过客户实施流程与华为交付流程重新匹配、双方各层交流互动机制的强化,D国D公司对华为的信心慢慢恢复,半年后,D国D公司N项目成为标杆项目。

除了项目性的工作,对于一些非常规或出现频率比较低但影响重大的工作,企业也能应用同行协助解决问题。H城市的华为仓库是华为所有进口原材料必经的大动脉,因业务发展需要,H城市业务管理部必须在有限的时间内完成仓库新旧本地服务提供商切换、5个仓库归一,整个过程必须平稳过渡,不能出现一点儿问题。而H城市业务管理部的负责人刚刚调到此地,且整个团队成员缺少本地服务提供商切换和仓库归一的经验,对于这个任务,团队压力非常大,甚至一筹莫展,不得不向集团求助。

华为供应链知识管理团队第一时间响应,通过与H城市业务管理部交流,锁定了此次需要解决的三大问题。

① 如何帮助缺少经验的新本地服务提供商快速掌握华为的仓管业务。

② 如何防范旧本地服务提供商不配合带来的问题。

③ 如何规划新仓库以确保仓库周转运行效率和质量。

同时,华为在全球范围内寻找具备仓库搬迁经验的专家,并迅速组织两次同行协助会议,共提供18条具备可操作性的行动建议,其中13条在H城市马上落地实施,解决问题①和问题②。针对问题③,华为组织专家前往现场考察,基于实际情况,专家提出37条仓库规划建议,所有建议都被有效执行。最终新旧本地服务提供商切换、5个仓库归一平稳过渡,H城市业务管理部负责人表示"知识管理帮助业务一次性成功,不折腾"。

> **知本主义：**
> 用知识管理打造企业护城河

项目经理和项目管理办公室可从项目阶段、业务挑战程度、同行协助的组织成本3个维度判断是否马上启动同行协助会议，同行协助启动条件说明表如表7-1所示，当满足条件时，项目就可以启动同行协助，反之不启动。

表7-1　同行协助启动条件说明表

维度	说明
项目阶段	计划阶段：识别到重大问题和风险，或团队因自身能力不足而无法识别问题或风险。 实施阶段：任务发生重大变更，或出现预期外的问题，又或者自己努力后问题没有解决等
挑战程度	约束要求：难度大、时间紧、范围广、人力缺少。 员工能力：缺少经验和专业技能。 知识积累：经验未总结成最佳实践，或者没有标准答案，知识和经验需要依据项目情况进行调整
成本	解决问题的成本高于同行协助的组织成本；经过实践，在采用远程视频会议系统的情况下，同行协助的成本基本等于专家的时间投入成本

在决定启动同行协助之后，项目团队需要在第一时间识别业务问题或挑战，这一步非常重要，因为企业需要基于项目的背景、类型和挑战匹配合适的专家，确保问题得到有效解决。以下是在进行问题或挑战识别时必须遵循的基本原则。

① 目标导向。以终为始，围绕项目目标识别问题和风险。

② 参与人群。进行项目利益链分析，动员项目利益相关者共同参与问题和风险的识别工作。

③ 实事求是。求助的项目团队必须真诚、开放，不怕暴露自身不足，真实反映实际情况。

④ 组织形式。以工作坊的方式群策群力识别问题和风险。

⑤ 问题描述。包括但不限于项目背景、问题/挑战名称、对项目的正负面影响和项目团队现有的思考与尝试情况等。

接着，项目团队将求助问题清单反馈到项目管理办公室，项目管理办公室必须在两个或三个工作日内完成专家的匹配和邀请，并尽快启动同行协助会议，建议最迟不超过一周；同时，项目管理办公室必须提前将问题清单共享给参会的专家，供专家提前准备资料。

在会议过程中，企业必须营造坦诚、开放的讨论氛围。所有参会人要正确理解开展同行协助的目的是请同行提供帮助，不是评审或旁听；大家都是同行，没有领导和下属，需开诚布公地交流，不表扬、不批评、不评价、不指责；尤其是求助方，当同行指出问题或提出不同意见时，心态必须积极、开放，不要有防卫心理，不要辩解。

项目管理办公室在同行协助中扮演了非常重要的角色，因为所有项目的信息和情况都会汇总到项目管理办公室，所以项目管理办公室是企业中比较清楚哪些项目有相似性、哪些经验或做法适合哪些项目的部门，项目管理办公室必须主动提醒项目经理发起同行协助，并协调相应的专家参与同行协助会议，同行协助应该成为项目管理办公室日常工作的基本活动要求。

当然，企业要具备高效组织同行协助的能力，除了建立知识库或数据库，还要建立员工履历库，记录员工参与的重大项目、员工在项目中承担的职责和主要贡献、员工聚焦的客户类型和行业属性、员工个人专长或优势、员工曾接受过的培训或训练等。当企业发展到一定阶段时，即便是项目管理办公室也很难了解所有专家和项目的信息，有时因为人员流动会导致信息丢失，所以员工履历库是企业信息化建设过程中必备的基本设施。

笔者在对客户进行培训和咨询辅导时，有些企业经常会问："专家都非常忙，自己所承接的项目都顾不过来了，没有时间支持我们，我们也没有办法强制要求他们帮忙，这种局面应该如何改变呢？"

首先，企业的文化、核心价值观必须以客户为中心，在文化落地的时候必须让听到炮声的人呼唤炮火，企业对各级部门和管理者的考核是"既要'打粮食'，又要增加土壤肥力"，提拔员工要将支持其他项目成功作为重要的参考依据。如果这些条件都不具备，项目经理就只能凭借自身的职权和影响力去调动资源，而面临困难和挑战的项目恰恰是职权不够、影响力不足的项目经理所带领的。

其次，如果企业想做强做久做大，企业高层管理者就必须接受作战模

> **知本主义：**
> 用知识管理打造企业护城河

式与过去不一样的客观事实。激烈的竞争对组织学习的要求远大于对个体学习的要求，企业每年必须投入一定的资金和资源打造在战争中学习战争的能力，而项目管理办公室是其中至关重要的一个环节，项目管理办公室必须将提供模板、最佳实践、培训，以及其他项目和企业外部同类或类似项目的信息和经验教训作为它的基本职责，并有效落实到位。

再次，企业必须通过项目的分类分级确定不同项目的过程管控要求。通过有效的过程管控，企业有能力及时发现项目存在的问题和风险，自上而下驱动项目团队开展同行协助，并在决策委员会层面拉通资源，识别专家，提供专家资源支持，且将这个要求纳入项目预警机制当中，一旦触发预警，就马上启动同行协助程序。

接着，企业需要建立项目档案库、历史信息与经验教训库、员工履历库。当项目有需要时，项目团队能从历史数据中找到对应的项目、专家，然后通过向上求助的方式获得资源支持。

最后，当其他项目向本项目或部门求助时，我们也要第一时间提供支持和帮助，建立情感账户，营造良好的人际关系。

上面几条建议从难到易，从组织到项目或个人，企业可以依据自身情况进行调整。以下是开展同行协助时总结的经验教训。

- 时机。越早进行同行协助越有利。
- 前提。自身未识别出问题或挑战，不要启动同行协助。
- 立项。将能否找到同类或类似项目开展同行协助，作为项目立项的基本准入要求之一，对于重大项目，原则上必须开展同行协助。
- 专家资源管理。"能否找到合适的专家"决定同行协助的成败，企业需建立和维护专家资源池。
- 同行识别。可以是专业上的同行，也可以是模式上的同行。
- 求助方。乐于学习，而不是防御；描述事实，吸收经验，不要辩解。
- 同行协助会议，不是邀请专家参与评审，而是讲经验、讲故事。

第 7 章

项目执行阶段——干中学,学中干

为了便于大家快速了解、回顾和使用同行协助这个工具,笔者将关键知识点整理成了一页纸方法论,如图 7-2 所示。

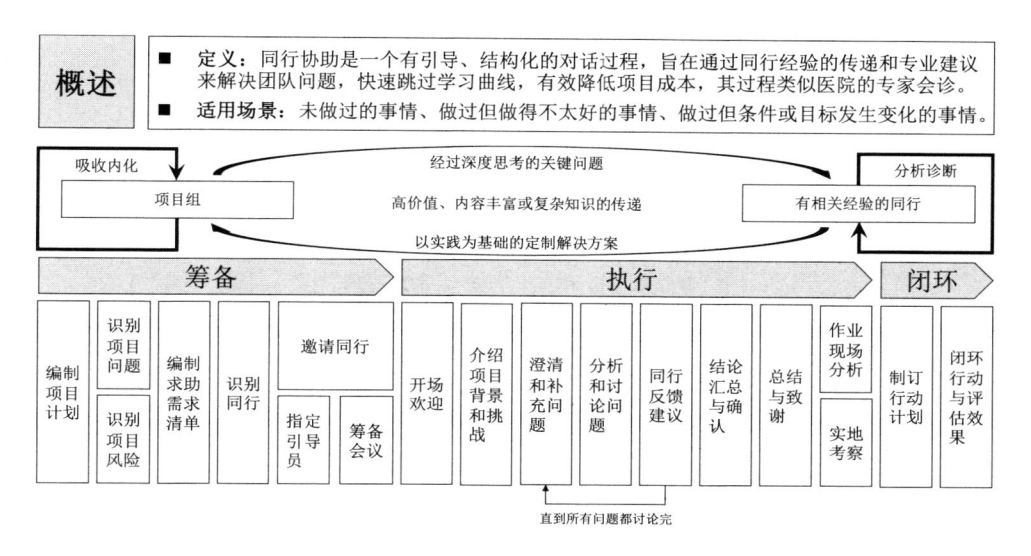

图 7-2 同行协助一页纸方法论

7.2 事后回顾:让当前项目的成果不断走向卓越

在您所在企业中,各级管理者和骨干员工接受过系统的复盘方法赋能吗?

在项目开展过程中,有及时复盘的管理要求吗?你们是否有效执行了?

复盘所识别的经验教训有被及时提炼并总结为流程、工具、模板等知识资产供后续项目使用吗?

事后回顾是一个团队对话的会议,通过简单的、结构化的对话,帮助团队从刚完成的一个任务、事件或活动中捕获有价值的经验教训,并立即应用这些知识来提升团队绩效,是常用的复盘方法,它包含 4 个基本问题,如图 7-3 所示。

> **知本主义：**
> 用知识管理打造企业护城河

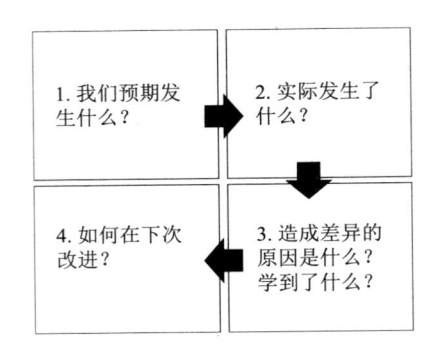

```
┌─────────────────┬─────────────────┐
│ 1. 我们预期发    │ 2. 实际发生了    │
│    生什么？   ──▶│    什么？        │
│                 │         │       │
│                 │         ▼       │
├─────────────────┼─────────────────┤
│ 4. 如何在下次    │ 3. 造成差异的    │
│    改进？     ◀──│    原因是什么？  │
│                 │    学到了什么？  │
└─────────────────┴─────────────────┘
```

图 7-3　事后回顾的 4 个基本问题

事后回顾由美国陆军发明，每位军官都要掌握，通常事后回顾的引导员由任务执行团队的最高军官担任。美国陆军在每次行动结束后都要开展事后回顾，总结经验教训，帮助下一次做得更好，1994 年美国陆军在海地维和行动中将知识管理的精髓演绎得淋漓尽致。

1994 年，美国陆军去海地开展维和行动，目标是收缴叛乱城镇的武器，每周都会以小分队的形式开展任务，并在任务结束后例行开展事后回顾，通过经验教训的快速总结、传播与应用，极大地提高了任务执行的效率。

第一周，任务结束后，通过事后回顾美国陆军发现海地人普遍害怕德国牧羊犬，在用德国牧羊犬做前锋的时候海地人的抵抗会弱很多，而某个小分队恰好配备了一条德国牧羊犬，使其任务完成效率较高，所以美国陆军快速应用"用狗做前锋减少抵抗"这条经验。

第二周，美国陆军执行新一轮任务的时候，指挥官给所有小分队都配备了一条狗，任务结束后发现一个小分队的成果非常突出，通过事后回顾美国陆军发现海地人在家里更愿意上交武器，于是，美国陆军快速应用"行动在村民家里进行"这条经验。

第三周，美国陆军执行任务的时候，指挥官给所有小分队都配备了一条狗，同时尽可能地将当地村民堵在家里开展行动，任务结束后发现又一个小分队的成果非常突出，通过事后回顾美国陆军发现海地人比较尊重妇女，而这个小分队的指挥官正好是一名女军官，所以武器收缴效率相对较高，因此，美国陆军快速应用"给行动组配备一名女军官"这条经验。

第 7 章

项目执行阶段——干中学，学中干

第四周，美国陆军执行任务的时候，在前面 3 次行动的基础上给每个小分队配备了一名女军官，并将其任命为临时指挥官。

如此一来，一次又一次，美国陆军总结了 24 条经验，使武器收缴的效率越来越高。

不久之后，将有一批新的维和士兵接替当前的维和士兵开展武器收缴任务，在正式接替任务之前，第二批维和士兵运用第一批维和士兵总结的 24 条经验进行训练，结果在海地实际用到了 23 条经验。

这是一个通过知识管理让任务做得一次比一次好、把绩效做到极致的标杆案例。在这个案例中，美国陆军不仅实现了小分队之间成功经验的有效复制，还让第二批维和士兵系统性地复制了第一批维和士兵的成功。任何一位企业家和管理者都希望自己带领的是一个能打胜仗、善于打胜仗的团队。

笔者第一次接触事后回顾时，正在华为某产品线担任项目经理，带着一群刚毕业的大学生开发一套用于设备运维的解决方案。作为项目经理，核心职责是对项目进度进行有效监控，确保团队按照既定节奏高质量交付产品，因此，笔者要求团队成员每天提交日报。某天，有个团队成员向笔者建议："我在 Hi3MS 上看到一个工具，叫事后回顾，感觉不错，不但能跟进工作进展，还能针对性地识别改进建议，我们是否可以用这个工具写日报？"笔者一听，既然好处这么多，就大胆尝试，于是从那一天开始，事后回顾就成了项目团队成员写日报的模板，事后才发现，冲动是魔鬼。

团队成员使用事后回顾写日报的初衷是好的，但是使用这个工具一段时间之后，团队成员便开始抱怨，如"每天遇到的问题都类似，改进建议也类似，每天写同样的东西，浪费时间""每天做的都是例行事务，或者没有完成的工作根本没法用事后回顾做总结"。

时间越久，矛盾越尖锐，不得已，只能对现实妥协，调整日报的格式，能用事后回顾的就用事后回顾总结，不适合的就用老的日报方式，没多久，日报模板又回到了原来的方式上。这便是笔者与事后回顾的第一次接触，由于当时对事后回顾的理解不到位，所以应用不当，没有使该工具发挥价值。事情到此并没有结束,一年之后,项目团队才真正明白事后回顾的基本使用方法,事后回顾也在项目中开始发挥巨大作用。

经过一年努力,项目团队终于开发了第一个解决方案的商用版本,因为整个过程耗时非常长,且中间波折不断,项目投资人要求项目团队对项目情况进行总结,避免重犯错误,并把好的做法坚持下去,所以开发团队请来了当时产品线的质量专家协助,而专家使用的复盘工具就是事后回顾。

复盘效果非常不错,在不到两小时的会议中,项目团队认识到了自身的不足,并制定了一系列的改进建议,虽然不是所有的改进建议都闭环了,但是已经闭环的其效果得到了显现。从这之后,项目团队每完成一轮迭代开发就用事后回顾进行复盘,通过4轮迭代形成了整个团队的产品开发"微流程"[1],明确责任分工,固化优秀实践,有效提高工作效率。与此同时,因为项目团队使用事后回顾持续改进,所以先后4次拿到了产品线的知识管理及时激励[2],虽然钱不多,但是项目团队倍感欣慰。

事后回顾是华为在开展知识管理变革时第一个全面推行的工具,简单易用,涌现了很多优秀案例。如华为某产品开发团队为提升产品功能升级的成功率,每次给电信客户完成产品功能升级后,都会立即开展事后回顾,识别经验教训,在当天完成所有改进行动的闭环,将经验教训第一时间固化到产品功能升级流程中,累计总结和应用20多条经验教训,最终该产品在所有局点的升级都实现一次性升级成功。

类似的成功故事,不仅在华为经常发生,笔者在辅导其他企业开展知识管理时也不断涌现,如某生物医药公司决定开拓海外市场,希望通过陌生拜访的方式在每个国家至少开发3个意向客户,并在陌生拜访结束之后两个月

---

[1] 微流程:一种华为内部进行知识固化和应用的优秀实践,由A产品线V团队首创,通过该实践,在一年之内,将V团队的产品质量从产品线排名的末端变成TOP3,此后,该实践在A产品线内部大规模复制,应用到各种产品的开发过程中。

[2] 及时激励:华为在知识管理变革初期,为了激发全体员工使用知识管理工具提高工作效率,每个产品线都设立了知识管理实践及时激励,只要使用知识管理工具获得了一定的业务效果,如项目知识计划、同行协助、事后回顾、项目回顾等,就可以申报该项激励,激励金额为50元/次或100元/次,每个月都会有不少团队获奖。

内签署一份合作协议。因为经验不足,所以销售团队在第一个国家未能达成预期目标,于是马上复盘,并输出《海外陌生拜访操作指导书》;在接下来的每次海外陌生拜访结束后,该团队都会复盘,优化《海外陌生拜访操作指导书》,让工作开展越来越顺利,终于在第四个国家进行陌生拜访时大获成功,接下来在第五个、第六个国家相继获得成功,这家企业就是通过在战争中学习战争这种方式帮助业务获得成功,同时也把能力固化到组织上。

7.2.1 事后回顾、项目回顾和知识收割的差异

华为总结经验教训的方法有 3 种,分别为事后回顾、项目回顾和知识收割,这 3 种方法的差异如表 7-2 所示。

表 7-2 事后回顾、项目回顾和知识收割的差异

维度	事后回顾	项目回顾	知识收割
适用场景	日常任务复盘	项目复盘、战略复盘	项目复盘、战略复盘
发明组织	美国陆军	英国石油公司	IBM/华为
触发时机	一个任务或活动结束后马上执行	项目阶段性里程碑结束或项目结束后执行	年初规划,在项目阶段性里程碑结束或项目结束后执行
定位	当下	未来	当下+未来
复盘类型	被动复盘	被动复盘	主动复盘
核心受益者	项目组	项目组	企业
责任人	项目组	项目组	能力中心
复杂程度	简单	复杂	非常复杂
参与人数	10 人以下	10 人以上	10 人以上
复盘耗时	15~60 分钟	至少两小时,复杂项目需要两天或三天	至少一个月
引导难度	一般	高	非常高

事后回顾是美国陆军发明的,通常是在一个任务或活动结束后马上开展,聚焦当下的改善,其执行责任人和受益者都是执行任务的团队,操作方法简单,人人都可使用,参与人数通常不超过 10 人,耗时为 15~60 分钟。

项目回顾则是英国石油公司发明的,通常是在项目里程碑节点或项目全部结束后开展,这个方法聚焦未来的改善,因为当前项目已经做完了,结果

> 知本主义：
> 用知识管理打造企业护城河

无法改变。项目回顾的执行责任人和受益者都是项目团队，其操作方法比事后回顾的操作方法要复杂一些，最好有专业的知识管理人员进行指导，参与人数依据项目所涉及的范围而定，通常超过 10 人，耗时至少两小时，对于大型项目来说可能需要两天时间。

知识收割是 IBM 发明的，华为在导入这个方法后，经过大量实践形成了自己独特的做法，这个方法不是按照任务的开展时间或完成时间触发，而是在企业每年制定战略和来年重点工作时启动，通过分析组织的关键能力短板，明确全年的知识收割规划，然后在时机成熟时快速开展具体项目的收割工作。执行知识收割的责任主体是各领域的能力看护部门，收益方是企业，收割时涉及的人数随项目规模而定，耗时至少一个月，操作复杂，需要专业的知识管理人员进行指导，建议每个公司每年不要超过 10 个收割项目。

事后回顾、项目回顾和知识收割在项目中的具体应用通过以下案例进行说明。

某劳务公司的发展遇到了瓶颈，通过市场调查发现，"把大象关到冰箱里"是一个非常有潜力的业务，如果能开发出对应的解决方案，这个业务就能成为该劳务公司的第二发展曲线。

很快该劳务公司就接到了"把大象关到冰箱里"的订单，因为是第一次做此类项目，整个公司都没有经验，所以他们每把一头大象关到冰箱里就开展一次事后回顾，提高把单头大象关到冰箱里的效率，在这个过程中，该劳务公司总结出 3 个关键的最佳实践，即开门、把大象关进去、关门。

每天下班之前，该劳务公司的所有人都聚在一起，对当天"把大象关到冰箱里"的整体情况进行回顾，总结资源协调、团队协作、安全管理、后勤保障等方面的经验教训，确保提高第二天的工作效率，此时使用的方法则是项目回顾。

一个月之后，项目圆满完成，该劳务公司决定将此次项目开展的过程进行标准化处理，形成一套完整的解决方案，确保以后无论由谁来做都能取得不错的成果，此时，该公司使用的方法则是知识收割。

综上所述，事后回顾比较简单，企业可以随时使用；项目回顾稍复杂，适合项目性的工作；知识收割服务于企业战略，由企业自上而下发起。企业可依据自身情况灵活使用 3 种方法，确保用最小的投入获得最大的收益。

7.2.2 开展事后回顾的关键角色及职责

开展事后回顾的关键角色及职责如表 7-3 所示，注意，尽管引导员需要协助项目经理开展事后回顾，但事后回顾的第一责任人是项目经理。

表 7-3 事后回顾的关键角色及职责

角色	职责
项目经理	• 事后回顾的第一责任人，负责组织和协调资源，确保事后回顾能够有效进行，包括会前筹备、会中回顾讨论和会后闭环。 • 确保必须出席回顾会议的项目团队成员按期参加会议。 • 指定事后回顾引导员，或者自己担任引导员
项目团队成员	• 会前负责准备项目资料，会中参与回顾和讨论，会后负责评审纪要内容，确保内容准确无误。 • 主导或参与改进建议的落实，确保回顾成果落地
引导员	• 协助项目经理组织回顾会议的全流程工作，如选择合适的场所、引导回顾会议、详细记录研讨内容等。 • 将纪要反馈给能力看护部门，如果企业有经验教训管理系统，就要把评审通过的回顾纪要上传到系统中

7.2.3 筹备事后回顾

在筹备事后回顾时，组织需要从 7 个方面进行准备，确保回顾效果的有效达成。

第一，确定回顾主题。回顾主题通常为一个事件或活动。尽管提倡大事大复盘，小事小复盘，随时随地复盘，但因为时间和资源有限，并不是每件事情都必须回顾，而是聚焦到有明确业务价值、有最终业务成果产出的活动上，例如组织一场客户答谢会议，开展一次客户拜访，处理一起客户投诉等。从规律上来看，凡是第一次发生的事情、对项目或组织有重大影响的事情（正面的或负面的）、重复做但需要不断改善效率的事情，都必须在任务结束后开展事后回顾。

第二，确定参会人。因不同的回顾主题涉及的范围不同，参与人员的数量也随之变化，通常参与回顾的人员包括事情的亲历者和引导员，有时因为学习的需要，其他项目团队也会参与进来，此时，他们只是旁观者，原则上不参与讨论。会议人数不宜过多，控制在 8 人以内，确保每个人都有时间充分发言讨论。为保证完整还原事实，避免盲人摸象，所有参与行动的团队成员都要尽可能出席，且都拥有同样的发言权，最好不要让"领导"或"专家"指手画脚。

某次，笔者主导 B 公司的重大项目复盘，该公司的总经理特别重视，希望能够参与复盘过程，但员工表示"总经理在，大家压力非常大，不敢说话，更怕说错话"，于是笔者将情况与总经理进行沟通，说明对复盘效果的影响，并承诺在复盘结束后向其做专题汇报，经过一番努力，总经理终于同意了笔者的建议。第二天，在复盘会议上，笔者拍着胸脯告诉参会人，今天总经理不来，大家可以畅所欲言，不要有顾忌，大家听了都非常开心。但话刚说完，总经理就端着茶水杯走进了会议室，坐到靠近投影仪幕布的座位上，会场立刻变得鸦雀无声，所有人都看向笔者，就像在无声地质问——你不是说总经理不参加会议吗？怎么他又来了。此时，总经理突然意识到今天不应该参加复盘会议，马上站起来走出会场，在会议室的门关上的一瞬间，轰的一声会场就热闹了起来。此类情况，笔者遇到过很多次，甚至有的企业反馈只要开复盘会议，马上就变成了批斗会，之所以出现这个情况，是因为该企业没有接受过系统的复盘培训，不清楚注意事项，也缺少有经验的复盘引导员进行指导。

第三，确定回顾时间。对于简单的事情，笔者建议行动结束之后立即回顾，如果是稍复杂一些的事情，就可以以半天或一天为周期开展回顾，这样可以保证关键人员准时参会。整个会议时长控制在 15~60 分钟，如果团队是第一次开展事后回顾，因不熟练，会议时间通常会长一些，但最长不宜超过两小时。如果推迟召开回顾会议，建议离活动结束时间不超过两周，因为随着时间的流逝很多内容会被慢慢忘记，并且存在人员流动、离开企业的风险。

第四，确定回顾地点。回顾地点离任务执行地点越近越好，确保周边安静，讨论时不容易被打扰。对于第一次开展事后回顾，为了确保会议效果，可以把会议规则写在纸上并张贴出来，提示参会人遵守规则。如果是有外部人员或非亲身经历者参与的回顾会议，在会议开始之前，引导员要对参会人的座位进行合理安排（见图7-4），参与讨论的人坐在中间，并尽可能地靠近引导员，其他人员坐在旁边。

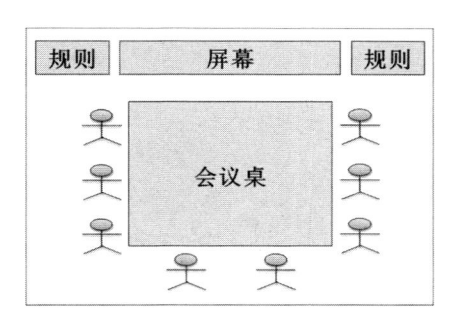

图7-4　会场布置概要图

对于稍复杂、对数据分析有要求的工作，还要适当准备一些工作资料，如工作计划、设计方案、执行过程中产生的文档、阶段性的总结报告，以及其他相关参考资料等。依据实际需要，引导员可以提前把这些资料发给参会人，也可以打印出来放在会议现场或工作场所备查。

实践证明，一位好的引导员决定了一次复盘活动成败的50%，引导员能够营造良好的会议氛围，避免团队成员互相指责，保证每位参会人都有机会发表意见。当团队内部没有合适的人选时，可以邀请第三方有经验的人担任引导员。如果实在找不到人，就由此次任务的最高管理者担任引导员，但必须遵守会议规则，并提前接受关于事后回顾的培训。

第五，准备会议道具，如投影仪、笔记本电脑、便签、铃铛等，若没有投影仪，则可以准备一个白板和一支大头笔代替。

以上准备活动不仅适用于事后回顾，还适用于项目回顾和知识收割，只是后面两种方法需要准备的内容更多，花费的时间更长。

7.2.4 会中回顾讨论

第一步：开场介绍。项目经理需要介绍此次活动的背景、目的，若邀请的是第三方引导员，则需要对其进行介绍，然后将会议的主持工作交接给引导员。接着，引导员向参会人介绍事后回顾的规则和关键议程。通常，引导员在会议开始前会准备几张白纸，在上面写上回顾的目的、规则、流程等内容，用于会中展示，实时提醒参会人。

注意，无论当前团队参与过多少次事后回顾，无论对事后回顾的理解有多深，引导员都要非常正式地介绍活动规则，如果参会人不遵循这些规则，会议就容易变成批斗会，要么参会人不发言，要么只听到一部分人的想法，从而陷入盲人摸象的误区，活动规则如下。

以学习为目标。

不追责，不评判贡献。

人人平等，全员参与。

开放、倾听，而非批评。

不搞一言堂，不随意打断他人。

一次事后回顾会议通常包括 7 个议程，按照两小时的时长进行组织，事后回顾议程表如表 7-4 所示。

表 7-4 事后回顾议程表

序号	时间	议程		发言人
1	5 分钟	介绍背景、主题和此次回顾会议期望达成的效果		团队负责人
2	5 分钟	介绍回顾会议的规则和基本程序		引导员
3	15 分钟	回顾讨论	回顾目标	全体参会人
4	15 分钟		回顾结果	全体参会人
5	60 分钟		分析差异	全体参会人
6	15 分钟		保持与提高	全体参会人
7	5 分钟	总结与致谢		引导员

如果事情已经过去一段时间才组织事后回顾会议，就需要项目经理用

5~10分钟的时间对工作情况进行简单说明,帮助参会人员记起当时的情况。

如果项目团队是第一次组织事后回顾会议,就需要引导员对参会人进行简单的培训,时间控制在15~20分钟,培训的核心内容为事后回顾的纪要模板(见表7-5),引导员可以结合企业的实际案例进行讲解,以方便团队成员理解。

表7-5 事后回顾的纪要模板

1. 我们预期发生了什么	2. 实际发生了什么	3. 导致成功或失败的原因是什么	4. 如何在下次改进	5. 改进行动闭环				
				是否属于知识沉淀	责任人	计划完成时间	实际完成时间	当前状态

第二步:回顾目标。项目团队成员共同回顾当初设定的目的与目标,并确保全员达成一致,这个环节非常重要,通常会耗费整个事后回顾会议12.5%的时间,该环节最大的难点之一是工作前没有对目的和目标进行设定,导致耗费大量时间。

引导员可以通过"我们一开始设定的目标是什么?""上级对此次任务的期待是什么?""我们希望我们的上下游客户获得哪些收益?"等问题激发团队成员思考,此时应尽量避免团队负责人第一个站出来回答,因为存在管理者表达观点后其他成员不敢提出不同意见的风险。

通过实践笔者发现,员工经常无法区别"目的"和"目标"。"目的"是指人们做事情的初衷,可以将其理解为某种诉求,该词语起源于古人的射箭,"目"指的是眼睛,"的"指的是靶子,意指射中目标。"目标"则是衡量"目的"是否达成的量化标准,必须满足S.M.A.R.T原则[①],目的与目标的区别如表7-6所示。需要注意的是,当前环节所讨论的是团队的目的和目标,不是个

---

① S.M.A.R.T 原则:S(Specific)、M(Measurable)、A(Attainable)、R(Relevant)、T(Time-bound),指有效的目标必须满足具体、可衡量、可实现、现实性和有时限5个约束条件。

人的目的和目标，所有人必须达成共识，避免出现目标不一致的情况。

表 7-6　目的与目标的区别

目的	目标
为了自己的身体健康，必须减肥	自 2018 年 1 月 1 日起，在顾问的科学指导下，每天跑步 10 千米，3 个月内将体重由当前的 80 千克减到 75 千克，且身体的各项指标正常
实现个人财务自由	在 2019 年 7 月 31 日前，通过 3 年工作，实现个人资产达到 1000 万元，每月被动收入达到 1 万元，满足家庭的基本开销

无法区分"目的"和"目标"，是团队效率偏低的原因之一。首先，在管理者与员工的互动上容易出现理解不一致的情况。通常管理者说的是"目的"，而员工以为是"目标"，因为事情完成好坏的标准没有对齐，当业务结果出来时，管理者往往不满意。其次，当管理者只说"目标"不说"目的"时，员工又容易陷入僵化执行的误区，不会依据实际情况的变化灵活调整，确保把事情做好。具备良好复盘习惯的组织能够有效打造要事第一、目标必达的作战氛围，并通过推演复盘结果，驱动团队强化事前筹备工作，提高业务目标达成的胜算。

在实际操作过程中，经常出现任务一开始就没有设定清晰的目的和目标的情况，此时怎么办呢？重新设定目标。引导员可以使用团队列名法，请参会人在便签上写下活动的目的和目标，然后进行汇总、去重、分类等处理，最后所有人一起确定此次任务的目的和目标，团队列名法如图 7-5 所示。在使用团队列名法的时候，需要注意每个便签只写一条内容，且用大头笔书写，保证字体够大，够清晰；文字需要准确表述真实的想法，不能笼统表达，避免偏差太大；在进行分类的时候，如果出现难以决断的内容，先搁置，处理完所有内容后再对其进行处理。

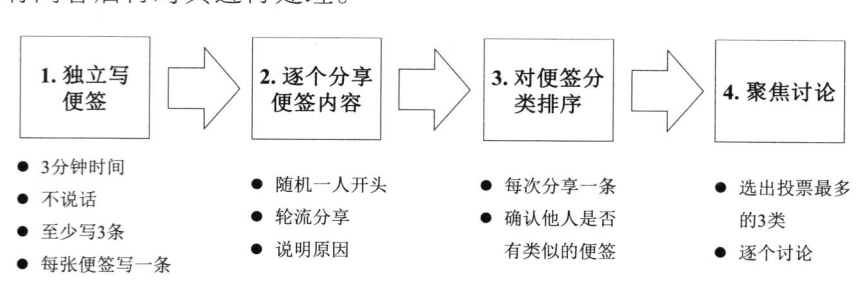

1. 独立写便签	2. 逐个分享便签内容	3. 对便签分类排序	4. 聚焦讨论
● 3分钟时间 ● 不说话 ● 至少写3条 ● 每张便签写一条	● 随机一人开头 ● 轮流分享 ● 说明原因	● 每次分享一条 ● 确认他人是否有类似的便签	● 选出投票最多的3类 ● 逐个讨论

图 7-5　团队列名法

第 7 章

项目执行阶段——干中学,学中干

当遇到事情过去时间比较长,且一开始目的和目标设定比较模糊的情况时,引导员可以先组织参会人回顾事情的实际发生过程,梳理清楚过程后再讨论目标。通过大量实践发现,比较有效的做法是将回顾目标这个环节放到会议开始前,到正式会议开始时再和参会人确认或微调,避免浪费会议时间,消耗参会人的精力。

第三步,回顾结果。结果依据目标进行判断,达成或超过目标表示结果好,简称"亮点",如果没有达成目标,就表示结果不好,简称"不足"。回顾结果这个环节需要引导员适当控制时间,必须保证事实还原充分,通常占整个回顾会议时长的 12.5% 左右。该环节经常出现以下 3 种情况。

① 目标未量化,导致结果的好坏难以判断。

② 无法正确区分结果和原因,往往将原因当作结果,如目标为"在 20 天之内减肥 3 千克","在 10 天内减肥 5 千克"是结果,而"每天跑步 5 千米,少吃一顿饭"是原因,初学者大概率会把后者当作结果,而忽视前面这个真正的结果。

③ 跳过原因直接讨论未来的改进建议。

出现以上 3 种情况,说明员工对目的、目标、结果、亮点、不足、原因等概念没有完全理解,团队之间没有统一认知,没有统一语言;或者员工考虑问题时其发散思维比较强,未形成"结构化思考,系统分析问题"的习惯,需要管理者加强日常辅导和牵引。

在这个环节,引导员可以通过"实际结果如何?""实际结果与预期目标相比有哪些差异?有哪些亮点?哪些不足?""上下游客户认为哪些做得好?哪些不到位?"等问题激发项目团队成员思考。

此环节的重点是还原事实真相,找到真正的差距(包括做得好的地方)。任务完成后,并不是每个人都知道全部的事实,但通过共同讨论所有成员都能清楚事情的全貌。此时,项目团队往往会跳过真相和原因,着急改进,寻找细节,引导员要适当打断,控制节奏。

在实际操作过程中,项目团队经常难以直接识别亮点和不足,特别是目标不明确或者事情已经过去一段时间导致参会人记忆比较模糊时,引导员可

知本主义：
用知识管理打造企业护城河

以先请项目团队讲述事情发生的过程，再从中识别亮点和不足。如果遇到发言不积极的团队，就可以使用团队列名法。

第四步，分析原因。原因需要对照结果一条一条进行分析，建议先从成功之处开始。只有找到根因，才有可能解决问题或避免重犯错误，所以项目团队需要在这个环节花更多的时间，一般占事后回顾会议时长的50%左右。此时，最大的难点之一是分析不深入、不全面，导致这一难点的因素有很多，如缺少有效的根因分析模型，不知道如何入手；还有参会人不够开放、推卸责任等。

此时，引导员可以从"人、机、料、法、环、测""事前、事中、事后""主观、客观"等维度激发团队成员思考，如果能够应用对应业务领域的理论模型进行分析，就能准确找到问题，如市场营销的"R+STP+4Ps+I+C"[①]。如果实在没有好办法，就可以使用团队列名法将想到的原因全部列出来，然后进行讨论。讨论时，引导员必须提醒参会人优先对根因进行深入分析，避免因面面俱到而时间不够用。

为避免根因识别流于表面，引导员可以通过"5 Why"法不断地挖掘，一旦打开突破口，就能快速收获高价值的内容。如当前项目能够按时完成，原因是团队成员每天加班，甚至放弃周末、节假日休息的时间，只挖掘到这个程度是不够的，因为它不具备可复制性，如果未来再次发生类似的事情，企业怎么保证员工愿意再次加班呢？所以，引导员要追问"为什么大家愿意加班"，因为"项目经理和核心项目骨干带头加班，并第一时间支持团队成员解决每天遇到的问题，大家觉得不努力心里过不去"，接着问"为什么项目经理和核心项目骨干愿意带头加班"，因为"项目未按时交付将导致项目经理和核心项目骨干年度考评降级，最终年终奖只能拿到总包的50%，占其年度总收入的20%"，此时，真正的根因就找到了，企业可以通过激励和绩效的牵引，驱动管理者和骨干为目标奋斗，同时为他们掌握营造高效作战氛

---

① R+STP+4Ps+I+C：R 指市场研究（Research），STP 指市场细分（Market Segmenting）、目标市场（Market Targeting）和市场定位（Market Positioning），4Ps 指产品（Product）、价格（Price）、渠道（Place）和促销（Promotion），I 指执行（Implement），C 指控制（Control）。

第 7 章

项目执行阶段——干中学，学中干

围的方法赋能。

为了提高根因分析的效率，企业需要依据自身的业务特点，不断地识别各种影响目标达成的因素，并形成一套根因分析工具供员工使用；同时，根因分析应该优先考虑组织能力的影响，然后考虑员工主观因素的影响，这样才能帮助企业快速改善组织能力，例如，问题发生了，先问这个工作是否有流程支持，没有流程则开发流程；如果有流程，就问流程是否有效，如果流程无效则改进流程；如果流程有效，就问是否给员工进行了有效赋能，如果没有，就给员工进行培训，并优化对应的赋能机制；如果赋能有效，就说明员工本人出现了情况，此时才进入员工主观方面的分析。

需要注意的是，对于成功之处，要聚焦分析成功的原因是什么，而不是分析成功的价值有多大，也不是分析某人对团队、组织的贡献有多大；反之，对于失败之处，需要聚焦什么地方出错了，而不是谁错了，然后集中力量分析失败的根因，就像毛主席所说的"检讨的目的在于得出经验教训，不在于把责任加在个别同志身上，因为加在那些同志身上没有好结果，把同志放在磨子里头磨成粉，有什么好处呢？能不能解决问题呢？不能解决问题"[1]。

第五步，保持与提高。项目团队须有针对性地制订改进行动计划，明确责任人、开始时间、计划完成时间等。如果有困难，就可以向企业的知识管理部门求助，请其提供参考样例或进行一对一的辅导。原则上改进行动需要对照原因——讨论，确保覆盖到每个原因，落实后能真正解决问题。优先解决团队能解决的问题，对于长期无法解决的问题、一时无法解决的问题，及时向上反馈，通过组织力量进行改善。

此时，引导员可以通过"我们能从中学到什么？有哪些值得坚持的做法？有哪些待改进之处？需要尝试哪些新的做法？""接下来，我们要做什么（可从短期和长期的角度来考虑）？""上下游客户希望我们做出哪些改变？""如果以后有人要做类似的工作，我们会给他什么建议？"等问题激发团队成员思考出切实可行的改进行动。

在该环节，最大的难点之一是只有想法，没有做法，改进建议全是正确

---

[1] 中共中央文献研究室：《毛泽东文集（第三卷）》，人民出版社，1996，第 256 页。

的废话，一看就懂，但不知道怎么执行，导致改进效果不理想。通过实践发现可以围绕以下 3 个方面制定改进行动。

① 业务改善。须立刻执行的任务，如拜访客户、开展满意度调查。

② 课题研究。受时间和团队认知、经验的限制，团队成员无法充分对改进行动进行深入探讨，或者解决方案比较笼统，为了避免草草得出结论，可以设置一些遗留任务，组织专题研讨会议对其进行重点攻关。

③ 学习成长。常见的行动有知识分享会、培训；创建或优化流程、优秀实践、课程、工具、模板等；与同行交流、参加培训、寻找资料等。

此外，为了取得更好的回顾效果，企业要求团队成员举一反三，由此及彼，但在实际操作的时候，往往会因为时间不够而草草收场，所以，在回顾时切记不要追求完美，通过高频次回顾持续改进，经过一定时间的积累，将工作做到极致，不要一步到位，欲速则不达。

企业必须清晰地认识到一个客观事实——不是每次回顾都有重大发现或重大改进，可能有时改进很小，但必须确保改进措施一定是具体的、可执行的，团队选取的应该是团队能够承诺完成的行动，且所有行动形成一个计划，责任到人，闭环到位。

最后一步是收尾。在完成事后回顾会议的整体讨论之后，引导员需要向参会人再次确认"大家是否充分发表了意见，是否达成共识，后续行动是否明确"，如果参会人没有不同意见，就对事后回顾会议的成果进行简明扼要的总结，提醒所有人及时对行动进行闭环，最后感谢所有人的投入。

7.2.5 如何让复制成功、避免失败成为必然

让复制成功、避免失败成为必然是整个事后回顾过程中非常关键的内容，但人们经常做不到位，原因是没有将想法变成做法，下面是一个典型的真实案例。

我国每年都会组织药品集中采购活动，对于药企来说，要想生存下去，就要过两道关。第一关，通过对应省份的集中采购，有了药品使用清单才能

第 7 章

项目执行阶段——干中学，学中干

在对应省份销售对应的药品，否则市场就丢掉了，对于药企来说，这是底线。第二，进入医保用药清单，有了这个，就不用担心药品销售量了，因为医院会优先使用医保用药清单中的药品为病人治疗。

老李是一家医药公司的管理者，负责国家医药集采投标工作，在某一年的集中招采投标工作中，这家公司只获得了非常微薄的利润。为了确保来年能够获得更多的利润，老李组织相关人员对此次投标情况进行了复盘总结，并提出了一条改进建议——大家一定要摸着自己的良心，站在企业收益最大化的角度，报上一个既能中标又能获得最大利润的价格。

如果你是老李，你觉得这个建议可行吗？肯定不行，这只是管理者内心的美好愿望，怎么可能做到呢？那么如何保证不管由谁来做都能做到呢？笔者对老李说："我们必须将唤醒人性转换为确定性的行为要求，你看这样行不行，我们设计一个报价模板，让负责报价的同事提供 3 个价格（见表 7-7），并说明理由。这样既便于我们有效决策，又能知道大家有没有摸着良心做事，最后到底使用哪个报价，由您和决策委员会的领导一起确定，您看行不行？"

表 7-7 医药集采价格估算表

填表人：　　　　　　　　　　　填表日期：

情况	报价	理由
100%中标，如有亏损，处于可控范围		
50%概率中标，且利润处于合理区间		
有一线生机但利润最大化		

看到这里，大家感受到了吗？只有将经验教训转化为确定性的行为要求，将想法变成做法，将做法变成模板，才有可能提高把经验教训复制成功的概率，降低重犯错误的可能，否则下一次可能还是"从零开始"。您是不是也遇到过这样的情况呢？从笔者过往的辅导经验来看，这种情况非常普遍，如果不解决，事后回顾的收益就会大打折扣，就像毛主席所说的"我们不但要提出任务，而且要解决完成任务的方法问题。我们的任务是过河，但是没有桥或没有船就不能过。不解决桥或船的问题，过河就是一句空话。不解决方法问题，任务也只是瞎说一顿"[①]。

[①] 毛泽东：《毛泽东选集（第一卷）》（第二版），人民出版社，1991，第 139 页。

7.2.6 会后闭环

对于正式的事后回顾会议，需要按照事后回顾纪要模板严格输出纪要，此时，引导员要在两天之内完成纪要整理，确保内容足够详细、高质量，以便他人看后，能够根据建议立即采取行动。在输出纪要初稿后，引导员将其反馈给所有参加会议的人员，请他们评审纪要内容，确保内容与讨论时一致。

内容定稿之后，项目经理必须将定稿纪要反馈给对应领域的能力看护部门，对于有知识管理中心或经验教训管理系统的企业，建议同步一份纪要给知识管理中心，并把纪要上传到经验教训管理系统，将纪要快速分享出去，同时通过 IT 系统跟进闭环情况。此外，事后回顾是形成组织级案例的重要手段，每次事后回顾输出的纪要都是一个组织级案例，需要通过案例管理机制在组织范围内进行有效共享。

对于各个改进行动，闭环速度越快越好，如无特殊原因，建议最长不超过一个月，否则知识的分享价值将大大降低。如改进行动的责任人是其他团队或部门，需要向对应的部门申请专家，如 A 物业公司 A 项目部在日常运营过程中，为客户提供了高品质的服务体验，成功的关键要素包括"改善了工程服务的响应标准，由过去的 30 分钟响应缩短到 15 分钟"，且该标准对其他项目适用，此时，需要向 A 物业公司的品质部申请专家，将改善后的服务标准更新到《A 物业公司工程服务标准》中。遇到这种情况，工作的承接部门应该乐于接受这个任务，因为其他团队在帮助我们改善自己的工作，即使拒绝，也要说明详细原因，并做好信息备案。

7.2.7 经验教训管理

经验教训及其改进建议是企业的宝贵财富，是推动企业可持续发展的内在驱动力，企业要建立有效的管理机制并持续改善。经验教训管理指的是对事后回顾、项目回顾总结的经验教训进行分享、固化的活动。经验教训管理涉及 4 个关键角色，经验教训管理角色与职责说明如表 7-8 所示。

第 7 章

项目执行阶段——干中学，学中干

表 7-8 经验教训管理角色与职责说明

角色	职责
项目团队	• 组织项目团队成员开展事后回顾、项目回顾等经验教训总结活动。 • 制订改进行动计划，并提交经验教训到经验教训管理系统。 • 对于项目团队能自行闭环的改进建议，按照行动计划按时闭环。 • 对于超出项目团队能力的改进建议，向上级求助，请对应的职责部门闭环
能力看护部门	• 安排对应领域的业务专家，验证经验教训的有效性，开展高价值经验教训预警等工作，确保第一时间将经验固化为流程、工具、模板等
知识管理中心	• 建设和运营经验教训管理机制，提升管理效率。 • 辅导各级组织开展事后回顾、项目回顾等复盘活动。 • 依据实际情况申请及时激励，对做出贡献的员工进行激励
总裁办	• 当知识资产更新涉及流程、制度的创建或优化时，提供专业指导，保证能力看护部门按照公司的流程、制度编写要求开展工作

企业开展经验教训管理活动的流程如图 7-6 所示，项目团队在完成事后回顾等活动之后，在知识管理中心的指导下输出经验教训（指按照事后回顾模板输出的纪要），在内部评审无误后提交到经验教训管理系统（如前文提到的历史信息与经验教训库），并按照改进行动计划快速落实闭环。

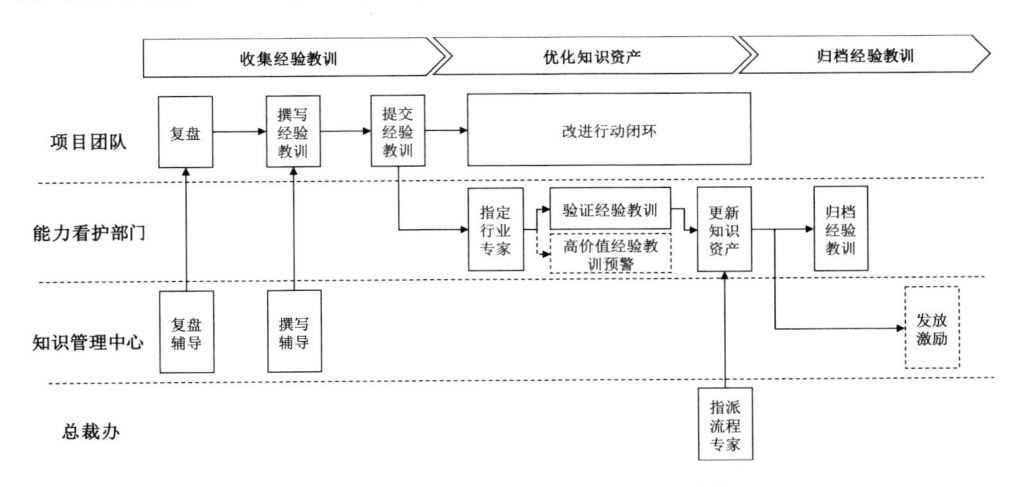

图 7-6 企业开展经验教训管理活动的流程

能力看护部门在收到最新的经验教训之后，为了确保经验教训能有效指导业务，需对其普适性和有效性进行验证，避免在公司内复制时出现水土不服的情况。确定无误之后，及时创建或刷新流程、优秀实践、培训课程、工具、模板等内容。此时，可向总裁办申请专家指导，确保按照公司的流程、制度编写要求开展工作，避免返工。在经验教训对应的改进行动都闭环后，将其归档到归档库中[①]，经验教训管理系统中仅保留仍未闭环的内容。

图 7-6 中用虚线框标记的两个模块——高价值经验教训预警和发放激励是可选动作，满足条件则执行。高价值经验教训预警的目的是解决经验教训的快速传播与知识资产[②]更新之间的时间延迟问题。按照正常的操作流程，能力看护部门从了解经验教训到把它们整合到相关流程、工具、模板里面需要一定时间，通常按照一定的运行周期发布最新版本，这就导致需要马上共享给相关团队的一部分经验教训无法第一时间推送给目标人群，无法帮助他们立刻减少损失或改善效能，但通过预警机制可以很好地规避这个风险。如前文所讲的美国陆军在海地维和行动中提炼总结的各项经验教训，就是通过预警机制进行快速推广，同时由能力看护部门将其整合到操作指导书中，供后续部队参考。

发放激励则是某些企业在开展知识管理活动的初期，为了激发员工热情而设置的阶段性激励方案，通常是小金额的及时激励，如消费券等。当知识管理活动完成与业务流程的融合，员工能基于作业要求有效开展相关事宜时，阶段性的激励就可以取消，进入正常的例行运营阶段。

在完成改进行动后，无论是项目团队还是能力看护部门，都要在经验教训管理系统中关闭对应的任务。知识管理中心须每月例行统计行动闭环情况，输出报告，推动经验教训管理机制的高效运转，各公司经验教训改进行动闭环情况月度报表如表 7-9 所示；各行动责任人整体情况月度报表如表 7-10 所示。

[①] 经验教训分为两类——处理中的经验教训和归档的经验教训，一旦经验教训被整合进知识资产，就马上转入归档库，因为经验教训已经被固化，员工按照固化后的标准执行可以提高效率，从而降低整个组织的学习成本。

[②] 知识资产：包括流程制度、最佳实践等，它们是经过企业反复验证，行之有效的权威资料，只有通过正式的行政审批流程才能发布，员工依据这些内容指导日常工作开展。

表 7-9 各公司经验教训改进行动闭环情况月度报表

公司名称	复盘总量	行动总量	行动闭环总量	行动平均闭环时长（天）	属于知识沉淀的行动数	知识沉淀行动闭环总量	沉淀平均闭环时长（天）
集团总部	17	170	150	3.3	50	45	5.2
下属公司 A	15	150	140	3.2	60	55	5.1
下属公司 B	10	100	90	3.1	50	46	5.2
下属公司 C	20	200	180	3.1	70	66	5.1

表 7-10 各行动责任人整体情况月度报表

公司名称	责任人	行动总量	闭环总量	行动平均闭环时长（天）
集团总部	张某	20	20	3.3
下属公司 A	李某	14	14	4.1
下属公司 B	王某	17	17	2.7
下属公司 C	朱某	23	23	3.2

综上所述，企业要想从事后回顾等复盘活动中获益，除了掌握相关方法，还要建立与之匹配的管理机制和 IT 系统，确保员工在任务开展过程中和结束后能按时回顾，确保总结的经验教训能第一时间传递给需要的人并被固化为组织能力。下面是开展事后回顾的经验教训。

- 一个好的引导员决定事后回顾成败的 50%。
- 团队是否开放，决定了事后回顾最终的效果。
- 事后回顾，不是确认过失，追溯责任，而是学习与行动。
- 事后回顾，不是做研究，而是让员工变得更注重行动，快速调整改善。
- 事后回顾是小步快跑，持续改善，并非一次性解决所有问题。

为了便于大家快速了解、回顾和使用事后回顾这个工具，笔者将关键知识点整理成了一页纸方法论，如图 7-7 所示，大家可以将它打印出来，夹在记事本中，方便随时使用。

知本主义：
用知识管理打造企业护城河

概述
- 定义：事后回顾是一个有引导的、结构化的对话过程，帮助团队从刚结束的任务、事件或活动中总结经验教训，促进团队绩效改善。
- 适用场景：重要程度高、发生频率高、工作标准化程或业务成熟度低的场景。

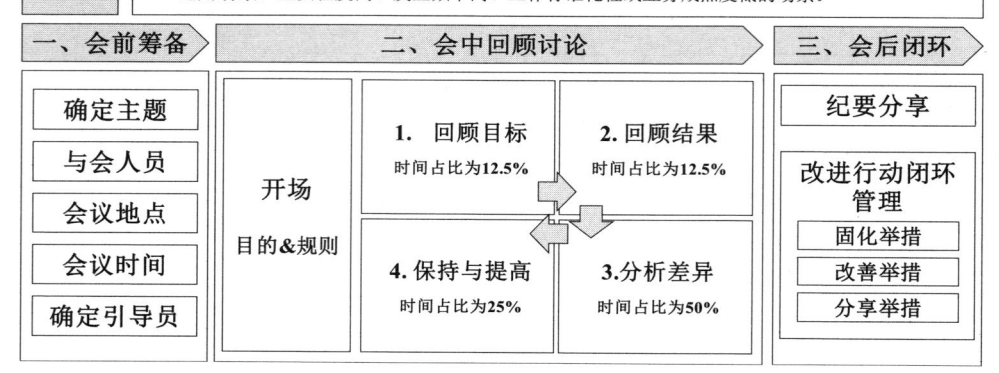

一、会前筹备
- 确定主题
- 与会人员
- 会议地点
- 会议时间
- 确定引导员

二、会中回顾讨论

开场
目的&规则

1. 回顾目标 时间占比为12.5%
2. 回顾结果 时间占比为12.5%
4. 保持与提高 时间占比为25%
3. 分析差异 时间占比为50%

三、会后闭环
- 纪要分享
- 改进行动闭环管理
  - 固化举措
  - 改善举措
  - 分享举措

图 7-7　事后回顾一页纸方法论

第 8 章

项目闭环阶段——前事不忘,后事之师

> **知本主义：**
> 用知识管理打造企业护城河

"如果要看前途，一定要看历史"[1]，项目闭环阶段的知识管理活动已经无法改变当前项目的结果，企业付出的所有努力都是帮助未来的项目获得成功，它代表的是企业做强做久的期许，是对未来的投资。

8.1 项目回顾：系统总结项目经验，支持未来的项目成功

您所在企业的项目经验教训能在项目结束一个月之内被回收吗？

当前项目的经验教训能在其他项目中得到有效应用吗？

能力看护部门在这个过程中发挥什么作用？

笔者在华为知识管理能力中心工作期间，因为与华为消费者 BG 的知识管理推行工作对口，所以当业务有相关诉求时华为消费者 BG 的接口人会向笔者发起支持申请。某天，华为消费者 BG 的接口人联系笔者，希望支持他们引导一场项目回顾，背景是某项目开发的某款车载产品的功能存在缺陷，将产品卖给客户之后不能完全满足客户需求，领导要求对这个项目进行质量回溯。

经了解得知，当前产品的问题是由上一个版本引入的，因为某些原因，该产品上一个版本的开发团队对部分功能进行了限制，考虑到当时的目标客户群体不需要那些功能，且那些功能对销售和应用没有影响，在向经营决策层汇报后，该产品得到了相应授权，从最终的市场情况来看，该产品成为华为消费者 BG 第一款盈利的车载产品。

在此背景下，通过项目回顾进行质量回溯存在诸多挑战。首先，回溯是

---

[1] 中共中央文献研究室：《毛泽东文集（第八卷）》，人民出版社，1999，第383页。

要追责的，如果以此为目的，整个项目就无法进行回顾了，因为没有人愿意说真话，互相推卸责任将成为必然，就算说了真话，可能也只停留在较浅的层次，关键问题是上一个开发团队并没有想到限制部分功能会对后续项目造成影响，而且已经通过正常程序备案，不是主观犯错。其次，上一个项目已经结束一年，项目团队成员要么离职，要么去了其他部门，要把人找回来回顾，难度非常大。最后，当前项目的投资人想参加项目回顾会议，项目团队成员觉得压力很大。

我们向投资人进行了专题汇报，申请将质量回溯调整为学习和总结上一个项目的经验教训，告知投资人参加项目回顾会议存在的风险，并承诺项目回顾会议结束后向其作专题汇报，投资人考虑后同意了我们的建议，此时，万事俱备，只欠东风。

我们先收集并整理学习点，再确定回顾范围和参会人员名单，这个过程会持续两周或三周，最后决定用一上午的时间完成项目回顾会议。在项目回顾会议开始当天，项目经理将项目团队的重量级核心成员全部邀请来了，按照项目回顾方法论，完成对所有学习点的讨论，讨论非常激烈，尽管距离上一个项目结束已经过去一年多，但是发现了很多宝贵经验和优秀做法。例如一家企业想开拓新的海外市场，比较有效的做法是通过与当地的老牌代理商合作，利用双方的优势，让产品快速上市。项目回顾会议结束后，项目团队趁热打铁，快速输出回顾纪要，评审无误后立即向投资人汇报此次会议取得的成果，并得到了投资人的高度认可。

8.1.1 什么是项目回顾

项目回顾是企业针对复杂工作总结经验教训的一种方法，是促进学习的会议，鼓励项目团队分享项目中成功的或失败的故事，从中找到值得学习和可供未来借鉴的经验教训，通常在项目里程碑节点完成或在项目全部结束后两周内开展。

项目回顾由英国石油公司发明，英国石油公司有非常完备的知识管理团队，经常安排专业的引导员主持项目回顾会议并总结经验教训，一次项目回顾会议通常需要一两天。引导员会营造良好的回顾氛围，确保每个人都能充分表达意见，挖掘真正的根因，同时关注未来使用此次项目回顾的经验教训的团队，这是为了未来而学，而不是记录项目历史。华为开展知识管理变革的时候，通过知识管理顾问 Nick 的帮助逐步具备项目回顾能力，笔者有幸与 Nick 共事，数次参与并观摩 Nick 的回顾引导过程，得以一窥英国石油公司项目回顾的全貌。

尽管项目回顾的底层方法论与事后回顾的底层方法论相同，但因其涉及范围更大、人员更多、时间跨度更长，故需要引导员在会前筹备和会中回顾讨论时进行一定的调整，如会前需要收集各种关键事件作为回顾主题，会中需要分层分级回顾等，简而言之，项目回顾就是一系列的事后回顾。项目回顾开展过程中涉及 4 个关键角色，项目回顾角色与职责说明如表 8-1 所示。

表 8-1 项目回顾角色与职责说明

角色	职责
项目经理	• 项目回顾的第一责任人，负责组织和协调资源，确保项目回顾能够有效进行，包括会前筹备、会中回顾讨论和会后闭环。 • 确保必须出席项目回顾会议的人员如期参加会议。 • 指定项目回顾会议的引导员，或者自己担任引导员。 • 在项目回顾会议结束后，输出项目总结报告，并向投资人汇报
项目团队成员	• 参与项目关键事件的识别，并准备对应的资料用于项目回顾。 • 积极参与关于项目回顾的讨论。 • 负责评审回顾纪要，确保内容准确、无误。 • 主导或参与改进建议的落实，确保回顾成果落地
引导员	• 支持项目经理开展项目回顾的筹备和实施事宜，如确定回顾时间、地点，收集并整理关键事件，引导项目回顾会议等。 • 将回顾纪要反馈给能力看护部门，如果企业有经验教训管理系统，还需要将评审通过的回顾纪要上传到系统中
能力看护部门	• 参与业务流程梳理，安排专家参加项目回顾会议，把项目回顾的经验教训固化为流程、工具、模板等知识资产

8.1.2 如何开展项目回顾

项目回顾同样包括筹备、回顾和闭环 3 个阶段，项目回顾的基本操作流程如图 8-1 所示。

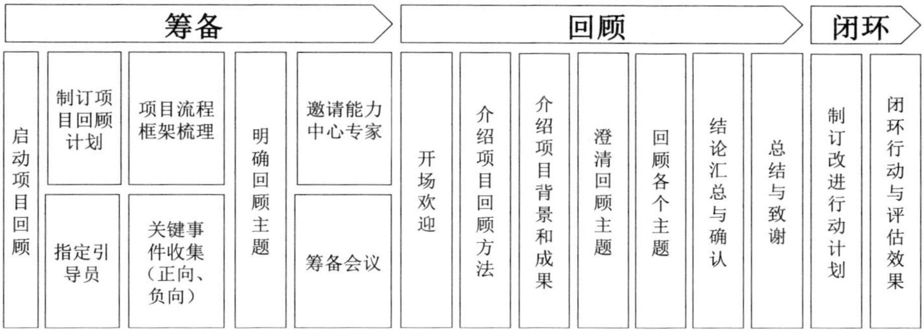

第 8 章

项目闭环阶段——前事不忘，后事之师

筹备：启动项目回顾 | 制订项目回顾计划 | 指定引导员 | 项目流程框架梳理 | 关键事件收集（正向、负向）| 明确回顾主题 | 邀请能力中心专家 | 筹备会议

回顾：开场欢迎 | 介绍项目回顾方法 | 介绍项目背景和成果 | 澄清回顾主题 | 回顾各个主题 | 结论汇总与确认 | 总结与致谢

闭环：制订改进行动计划 | 闭环行动与评估效果

图 8-1 项目回顾的基本操作流程

筹备一次项目回顾，至少需要一周的时间，主要收集和整理正向关键事件和负向关键事件，进而明确回顾主题和参会人员名单。在启动项目回顾的那一刻，引导员必须马上给所有项目团队成员发送项目关键事件收集表（见表 8-2），要求每个人在两天内至少反馈 5 个关键事件，用于明确后续的回顾主题。

表 8-2 项目关键事件收集表

编号	提交人	关键事件名称	关键事件描述	优点/缺点	重要程度	未来可借鉴程度	备注
1	张某	大理石地板	大堂的地板全部使用天然大理石，美观、大气、上档次，符合高端写字楼的定位	优点	高	低	
2	张某	水晶观赏浴池	大堂的观赏浴池的一部分藏在地板下，这部分上面的地板采用的是透明的水晶玻璃，可提升观赏性	优点	中	高	

因为项目团队成员对项目过程比较了解，所以填表时只需简单描述事件，确保项目团队成员能够准确理解便可，主要把关键事件的重要程度、未来可借鉴程度填写清楚，它将决定关键事件的回顾顺序。收集上来的关键事件存在重复的情况，需要引导员与项目经理一起对其进行整合，并将整合后的版本在项目团队成员之间公示，确认是否需要进一步补充，避免遗漏关键事件。收集关键事件的过程，也是团队共同还原事实、初步达成共识的过程。

对于 0~1 的项目，建议企业收集关键事件的时候对项目涉及业务的工作流程进行梳理，形成基本的流程框架。目的有两个：一是帮助识别需要回顾的关键事件；二是为回顾后的知识固化行动提供支持，确保项目回顾会议结束后，经验教训能马上融入现有的作业流程并被立即应用。

项目团队可以联合能力看护部门绘制流程图，通常先依据项目开展的过程，将项目划分成几个主要阶段，再明确每个阶段的关键活动和责任人，接着将流程绘制成泳道图，最后邀请所有项目团队成员一起评审，确保内容无误。该过程所需时间视项目和流程图的复杂度而定，一般至少需要一两天的时间，某企业品牌推广项目的流程示意图如图 8-2 所示。

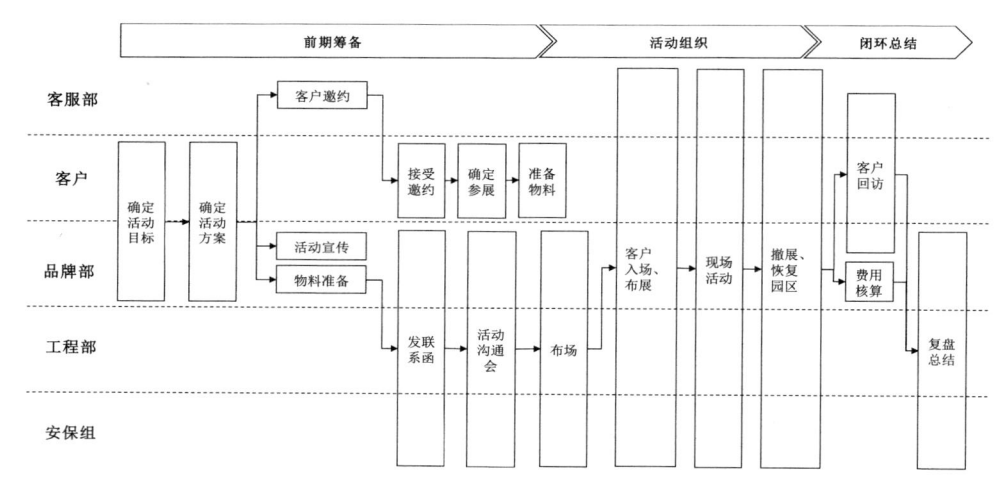

图 8-2 某企业品牌推广项目的流程示意图

对于 1~n 的项目，如果企业已经输出了对应的业务流程框架，此时，需要依据当前的最新情况对其进行审视，并标记需要刷新的活动，被标记的活动必须纳入项目回顾的讨论范围。

收集完关键事件后，引导员与项目经理依据关键事件的重要程度和未来可借鉴程度对其进行排序。确保在时间、资源有限的情况下，尽可能地完成对高价值内容的回顾，取得最佳的投入产出比，图 8-3 所示为优先级判断模型，通常黑色区域和次黑色区域的内容是必须回顾的，中间灰色区域的内容视情况而定，剩余颜色区域的内容可以不用考虑，或者由项目团队简单处理。

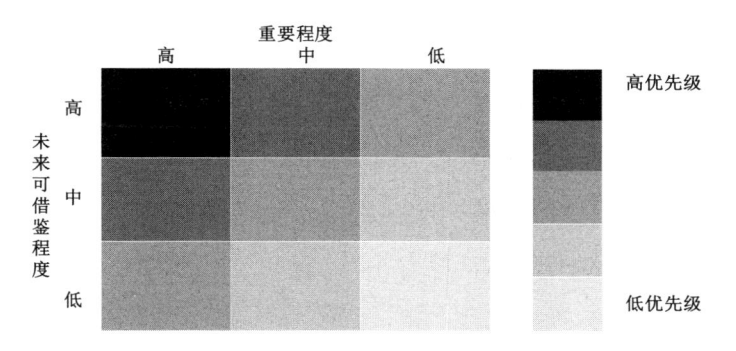

图 8-3 优先级判断模型

为了确保项目团队成员正确了解自己在项目回顾过程中所承担的职责，需要组织一次开工会，对本次项目回顾的目的、范围和排期进行介绍。若条件允许，可以组织 30 分钟左右的简短培训，以提升后续回顾的整体效率，在实际操作过程中，该环节可以与开场环节合并。

如果项目回顾范围非常广、牵涉的人员和部门较多，就可以采用分层分级的方式进行回顾，如图 8-4 所示。项目团队依据专业领域将回顾主题划分为不同模块，各领域的相关项目团队成员先做对应模块的回顾，再召集一次核心组的项目回顾，接着引导员与项目经理要对"需要讨论多少主题""什么时候召开""分层分级讨论策略"等问题达成一致，最后向项目团队全体成员公示。

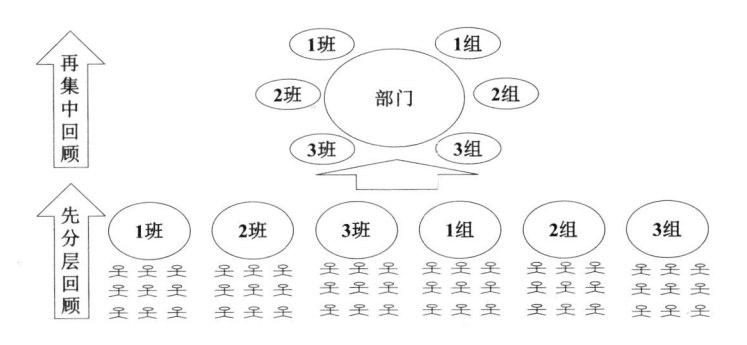

图 8-4 分层分级回顾示意图

项目回顾是一种为未来而学的经验教训总结方法，以下是回顾主题时需要讨论的内容。

① 背景。发生了什么，有什么故事。

② 根因分析。成功或挑战背后的原因是什么。

③ 建议。具体的、可执行的、能帮助未来改善业绩的建议。

④ 联系人。联系人是经验教训的亲身经历者，有人需要更多信息的时候可以询问联系人。

⑤ 相关支持文档或资源。罗列相关文档或参考数据库。

⑥ 嵌入学习的行动。改变或创建什么，以确保经验教训嵌入流程、工具、模板和培训课程。

项目回顾会议结束后，同样需要输出会议纪要、评审纪要、同步纪要给能力看护部门，并将它们上传到经验教训管理系统等。最后，项目经理将此次项目回顾的关键成果、项目存在的主要风险、未来改进建议等内容整合到项目总结报告中，向项目投资人汇报并申请资源，确保项目回顾识别的一些改进建议能够有效闭环。对于共性问题，企业必须组织相应的专题研讨会，识别可行的改进措施，及时规避风险。

为了便于大家开展项目回顾，笔者特别提供了项目回顾计划模板（见表 8-3），大家可依据所在企业的实际情况参考使用。

表 8-3 项目回顾计划模板

活动		责任人		计划完成时间
		角色	实际责任人	
事前筹备	确定回顾责任人	项目经理		
	发起项目回顾	项目经理		
	指定引导员	项目经理		
	识别项目回顾需求与关注点	项目经理、引导员		
	制订项目回顾计划	项目经理、引导员		
	收集利益干系人诉求	项目经理		
	梳理业务流程图	项目经理、引导员		
	收集、分类、整合和排序关键事件	项目经理、引导员		
	发布会议通知	引导员		
会中讨论	议程介绍+简要培训	引导员		
	项目概况介绍	项目经理		
	分层分级回顾会议	全体成员、引导员		

第 8 章
项目闭环阶段——前事不忘，后事之师

续表

活动		责任人		计划完成时间
		角色	实际责任人	
会后闭环	编写回顾纪要	引导员		
	评审回顾纪要	全体成员		
	确认闭环行动和责任人	全体成员、引导员		
	跟进行动闭环	项目经理或能力看护部门		

下面是开展项目回顾时总结的经验教训。

- 基于项目类别、级别设置不同的项目回顾要求和模板。
- 阶段性地开展项目回顾，不要等到项目结束时才启动。
- 务必在项目整体工作完成后两周内开展回顾，拖得越久，回顾效果越差。
- 二八原则，只回顾对项目影响较大、可复用性较强的内容。
- 考核项目经理的项目执行偏差，并与业绩挂钩，若未做项目回顾则不许关闭项目，若项目回顾延期则项目最终关闭时间延期，通过机制驱动项目团队开展项目回顾。
- 将项目回顾作为项目经理任职资格的必备要求之一。
- 回顾不是目的，必须始终将有效应用项目回顾的成果摆在第一位。

8.1.3 项目回顾和同行协助同时应用

2022年，我国房地产市场的行情急转直下，大量房地产企业出现经营问题，某头部房地产软件与咨询服务公司不得不重新调整业务方向，寻找新的优质目标客户群体，并快速提升各个区域对应解决方案的销售能力。为实现这一战略意图，该公司每周或每月组织各种项目成果分享会议，但效果非常有限。

于是他们征求笔者的意见，经过交流，笔者发现他们分享的项目都是成交金额比较高的项目，他们期望各个区域能够复制此类项目，以快速提高业绩。虽然这个想法很好，但是他们忽略了一个现实问题——整个公司处于转型期，到底哪类项目具有广阔的市场，哪类客户最有价值，还正在摸索，大家都不清楚，这时比较有效的策略不是强推某类项目，而是反其道而行之，基于各个区域现有的线索和项目，快速在全国范围内进行同类项目匹配，互相借鉴，帮助现有项目快速成功并回款。

项目回顾与同行协助联动示意图如图 8-5 所示，项目 A 和项目 F 类似，项目 F 处于验收阶段，而项目 A 处于方案设计阶段，这意味着项目 F 的经验教训可以被项目 A 参考。因此，项目 F 开展项目回顾的时候，可以邀请项目 A 的成员旁听学习，并在项目回顾结束后，马上对项目 A 开展同行协助，邀请项目 F 的成员解答问题。通过"项目回顾+同行协助"的方式，可以避免项目 A 重犯项目 F 的错误，并基于项目 F 的优秀做法获得进一步突破，其他项目也类似。

项目名称	项目类型	进度
项目A	类型一	方案设计阶段
项目B	类型三	开发阶段
项目C	类型二	线索拓展阶段
项目D	类型三	开发阶段
项目E	类型二	方案设计阶段
项目F	类型一	验收阶段
……	……	……

对项目F进行复盘，供项目A借鉴

对项目E进行复盘，供项目C借鉴

对项目B和项目D进行复盘，两个项目互相借鉴

图 8-5　项目回顾与同行协助联动示意图

"项目回顾+同行协助"的方式可以持续改善不同类型项目的交付能力，使对应的项目交付成本不断下降，利润不断提高，并在细分领域慢慢地形成竞争壁垒。同时，再从客户类型、项目类型、项目金额、项目利润等维度进行梳理和分析，企业可以探索出几类典型的解决方案，使项目进入快速发展阶段。

8.1.4　某物业服务公司服务品质提升咨询项目回顾

A 公司是一家写字楼物业服务提供商，为了持续提升服务质量，构筑核心竞争力，特聘请第三方顾问公司为其提供全面的客户满意度调查服务。经过 3 个月的调查，第三方顾问公司发现 A 公司的总体客户满意率只有 78.3%，项目 E 的满意度得分（所有项目中规模最大）在所有项目（一个项目为一个

写字楼，写字楼规模各不相同）最低，只有 8.33 分，如图 8-6 所示。

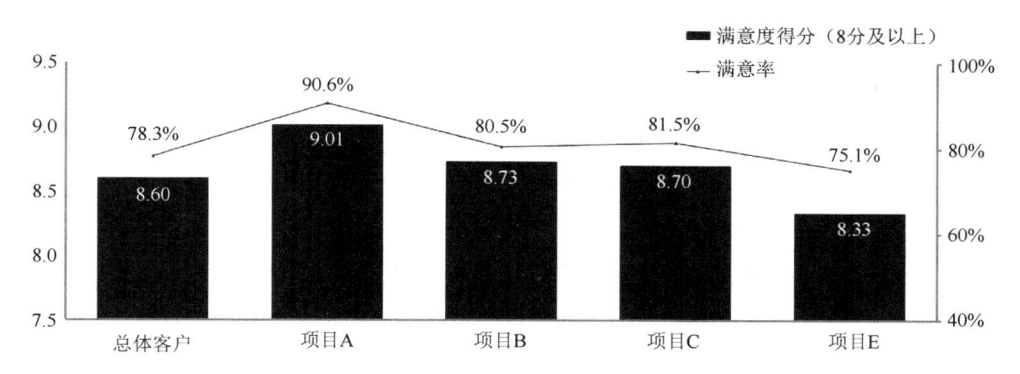

图 8-6　A 公司各项目、总体客户的满意度得分和满意率

该公司高层讨论后决定，针对项目 E 开启服务品质提升项目，并邀请在物业服务方面具有丰富经验的 B 公司提供咨询服务，此次项目的目标包括以下 4 个。

① 改善服务。识别当前品质管理方面的主要问题，并提供整改指导建议，协助改进闭环，提升整体服务水平。

② 沉淀知识。将工作标准化、制度化、流程化，输出对应的流程、操作指引、应急预案等，将个人能力沉淀为组织能力。

③ 加强意识。加强全员品质管理意识，对品质管理的价值达成一致。

④ 学习标杆。学习业界优秀实践，开拓全员视野，牵引工作向标杆靠齐。

经过一年的努力，项目 E 的客户满意率从 75.1% 提升到 80%，初步实现目标。为了有效传承项目经验教训，启动服务品质提升项目回顾活动。

因为此次项目回顾的时间跨度长，且涉及数百名员工，所以此次项目回顾面临的第一个挑战是如何确定回顾主题，当时的应对策略是基于客户触点理论梳理回顾主题。首先，梳理各项物业服务与客户触点之间的对应关系并把关键服务识别出来（见图 8-7），经过去重整理后，所有物业服务可以总结为三大类——物业招商服务（如信息获取、合约条例等）、物业进驻服务（如入驻手续、装修-入驻配合等）、日常物业服务（如客户服务、设施设备、安全与秩序、清洁环境与规划等）。

知本主义：
用知识管理打造企业护城河

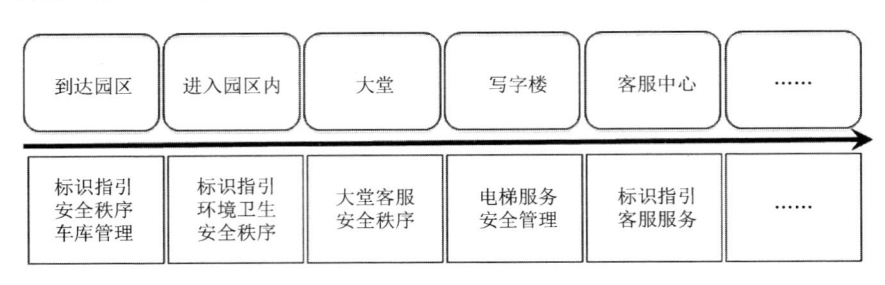

到达园区	进入园区内	大堂	写字楼	客服中心	……
标识指引 安全秩序 车库管理	标识指引 环境卫生 安全秩序	大堂客服 安全秩序	电梯服务 安全管理	标识指引 客服服务	……

图 8-7 物业服务与客户触点

在这个基础上叠加客户旅程，关键事件的收集框架就整理好了。一周之后，所有关键事件收集并整理完毕，将统计数据填入服务品质提升项目回顾关键事件分布表（见表 8-4），项目回顾的主题和重点一目了然，同时还可以帮助项目团队识别遗漏的关键事件，一举两得。在表 8-4 中，分析需求、锁定对象……结算是客户进入项目 E 后的行为过程；信息获取、招商人员……原味街服务是项目 E 提供的物业服务；如果客户行为与物业服务发生接触，就用某种颜色对两者交叉点所在表格进行标注，而表格中的数字表示此次收集关键事件的数量。

完成回顾关键事件收集后，回顾范围得到初步确定，一个关键事件对应一次回顾会议，有多少个关键事件，就开展多少次回顾会议。因为参加回顾会议的人比较多，回顾频次比较多，所以分层分级回顾可同步进行，先完成一个领域或一个模块的回顾，再开展跨模块或项目层面的回顾。

在回顾过程中，遇到不少关于物业服务的共性问题，光靠项目 E 的成员难以给出有效的改进建议，为此，项目 E 又邀请其他项目专家一起参与研讨，群策群力，识别改进建议；对于重大课题，甚至还在公司内组织了数次研讨会，确保课题有效落地。

物业服务是重复的运营性工作，类似此次的项目性工作比较少，为了确保及时总结经验教训，该公司知识管理团队联合项目 E 共同设计了一套物业服务项目回顾机制（见图 8-8），与日常的品质管理工作结合起来，日积月累，可持续改进项目。每月，品质管理部门针对上一个月客户投诉、品质检查不达标的内容进行回顾，并在下一个检查周期内完成业务整改工作；同时，将总结的经验教训整合到流程制度、典型案例、培训课程中，通过企业经营分析会、实践分享会与各个项目共享，为员工赋能，提高服务质量，改善服务效果。

第 8 章

项目闭环阶段——前事不忘，后事之师

表 8-4 服务品质提升项目回顾关键事件分布表

服务类型			招商阶段						入住阶段			日常使用阶段					上班							工作					下班			退出阶段		
			分析锁定需求对象	到达园区	进入园区	客户中心	现场参观	签订合同	入住	装修	搬家	交费	问询	投诉	报修	续约	到达园区	进入园区	吃早饭	上写字楼	上洗手间	抽烟	工作	下写字楼	吃午饭	上写字楼	上洗手间	抽烟	下写字楼	进入园区	离开园区	提出申请	搬家	结算
物业招商服务		信息获取																																
		招商人员																																
		合约条例																																
物业进驻服务		入住手续																																
		装修-入住配合																																
		场所交付																																
日常物业服务	客户服务	大堂服务							2	8							3																	
		客户中心											1		3																			
		维修服务								1										1														
		交费服务										2																						
		投诉服务																	1															
		便民服务								1	3						1	3	3	2	2			3	2	2	4	2	2	2				
		电梯服务																		2	4	2	3			3	4	2						
	设施设备	路灯																					3			1					3			
		其他设备															2	3	3	2	2	2	1	2	2	3	2	3	2	2	2			
	安全与秩序	园区安保服务															1	3	3	2	2		3	3	2	3			1	2	3			
		人物进出管理																						1		1				1	2			
		安全生产																	3	2	2	2	3		2	2	2							
		秩序管理																3	1	2	2		1		1	2	1			2	3			
	停车场与车辆管理	车位数量																								2			2					
		指引标识																								1					1			
		车库环境																													3			
		车辆管理																												2	1			
		车流引导															1														1			
	清洁环境与绿化	公共区域卫生																																
		保洁人员																																
		园区绿化																																
		指引标识																																
文化宣传活动																																		
顾客街服务																																		

知本主义：

用知识管理打造企业护城河

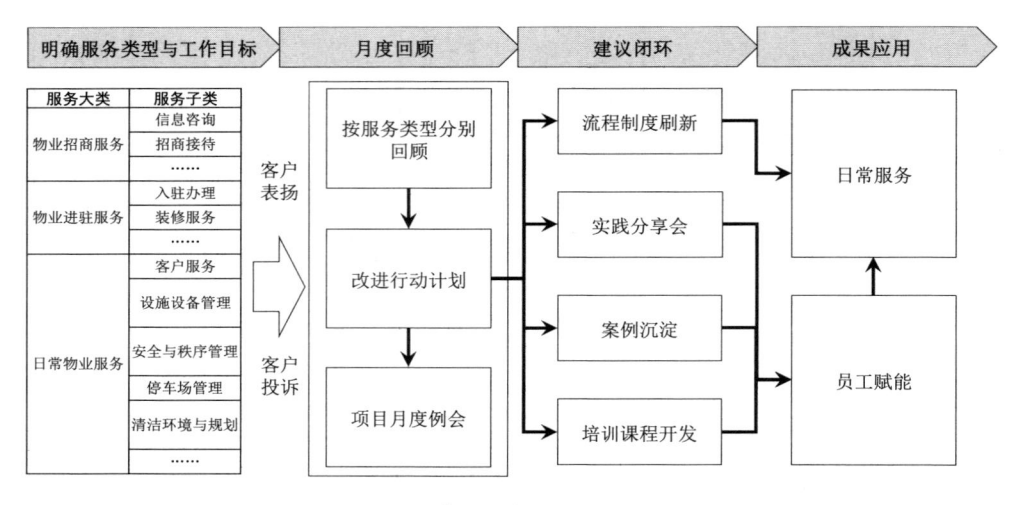

图 8-8 物业服务项目回顾机制

8.2 知识收割：将经验固化为组织能力

您所在企业有明确各关键业务领域的能力看护部门吗？

您所在企业每年在进行战略规划或重点工作规划时，有针对性地识别过组织能力短板吗？

对于关键的组织能力短板，您所在企业是否建立了行之有效的机制对其进行改善呢？

8.2.1 华为知识收割，在探索中形成标准

知识收割是知识管理顾问 Nick 为华为引入的一个概念，Nick 告诉华为，IBM 在项目中有一种知识管理实践——在项目结束后，对该项目成果进行系统化的梳理、总结、归档，当新项目或其他项目开展工作时，可以从该项目的总结中借鉴各种优秀做法，提高工作效率。但 Nick 没有说明 IBM 的详细操作方式，所以，华为在很长一段时间里只知道这个实践，不

第 8 章
项目闭环阶段——前事不忘，后事之师

清楚如何操作。直到 2014 年，华为的知识管理领域发生了一个具有里程碑意义的关键事件——M 国 O 项目知识收割，该事件全面掀起了华为知识收割热潮，并为形成华为特色的知识收割实践打下了坚实基础。

M 国 O 项目是华为在某业务领域的第一次尝试，为了确保将该项目的实践有效沉淀下来，业务团队和知识管理能力中心都付出了很多努力。一方面，知识管理团队采用项目回顾的方法进行筹备，收集并分析学习点，确定参会人员（包括华为的员工和合作伙伴），安排会议时间和场地；另一方面，知识管理团队邀请顾问 Nick 担任项目回顾会议的引导员，确保将优质资源投入此次知识收割中。

为期两天的项目回顾会议使参会人员收获了很多，一些参会人员反馈"有一种被掏空的感觉，东西都被沉淀下来了"。通过知识收割，华为识别出软件服务领域的特有组织结构，从决策、管控和执行 3 个层面识别了多条经验教训，最后将它们固化到作业流程中。

项目团队将知识收割成果整理到一张网页上，请美工对网页呈现效果进行优化，并将网页发布到项目管理社区供其他项目学习和参考。这种方式得到了多方认可，一方面，方便有需要的员工系统且全面地获取项目知识；另一方面，为项目提供了展现自我的机会。网页包含内容如下。

- 项目简介：一段 200 字的文字描述。
- 成果简介：一段时长约 5 分钟的视频，介绍了项目投资人的期望、知识收割的关键成果等。
- 业务流程：项目开展的业务流程框架，以及此次总结内容在流程中的位置。
- 组织架构：项目团队的构成和职责，包括项目团队成员的角色、姓名、工号等。
- 文档清单：整个项目开展的完整资料清单，包括每个模板的下载链接。
- 经验教训：回顾纪要按照主题划分，以表格的形式呈现，包括模块名称、主要的改进建议等。

> **知本主义：**
> 用知识管理打造企业护城河

随着华为知识管理工作的快速发展，2015年，事后回顾、项目回顾等方法已经在华为的研发领域、服务领域全面铺开，而华为运营商BG也逐步形成了具有自身特色的知识收割实践，与此同时，华为业务与软件产品线的服务团队依据自身情况，结合项目回顾形成了另一种知识收割方法。非常荣幸的是，2015年笔者作为执笔人拟制了华为的《知识收割指导书》，该书在集团层面发布，知识收割流程图如图8-9所示。

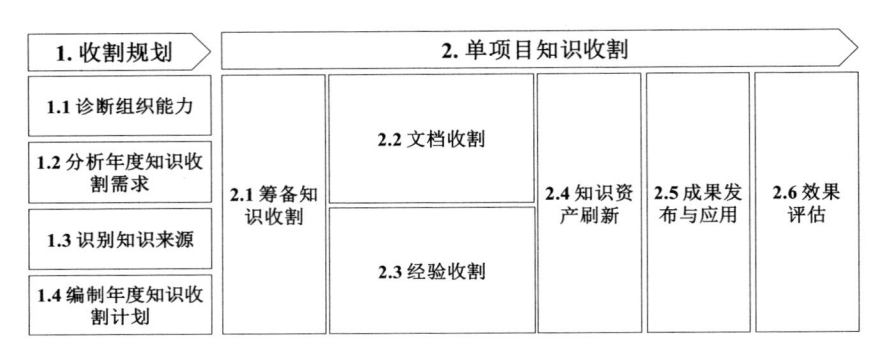

```
┌─────────────────┬──────────────────────────────────────────────────┐
│ 1. 收割规划      │ 2. 单项目知识收割                                │
├─────────────────┼─────────┬──────────┬────────┬────────┬──────────┤
│ 1.1 诊断组织能力 │         │ 2.2 文档 │        │        │          │
│                 │         │ 收割     │        │        │          │
│ 1.2 分析年度知识 │ 2.1 筹备│          │ 2.4 知识│ 2.5 成果│ 2.6 效果 │
│    收割需求     │ 知识收割│          │ 资产刷新│ 发布与 │ 评估     │
│                 │         │ 2.3 经验 │        │ 应用   │          │
│ 1.3 识别知识来源 │         │ 收割     │        │        │          │
│                 │         │          │        │        │          │
│ 1.4 编制年度知识 │         │          │        │        │          │
│    收割计划     │         │          │        │        │          │
└─────────────────┴─────────┴──────────┴────────┴────────┴──────────┘
```

图 8-9 知识收割流程图

从华为的实践经验来看，组织一次单项目的知识收割至少需要一个月的时间，至少安排一位专职人员负责整个项目的策划、组织和实施等工作，因为开展项目回顾会议需要全体成员聚在一起，其成本非常高。不建议企业频繁开展知识收割，每年在一个业务领域开展1~3次知识收割便可。

综上所述，知识收割对于组织流程化、标准化、规范化运作有较高的要求，同时需设立能力看护部门或看护岗位，否则具体推进项目的时候难以达到预期效果。

8.2.2 规划知识收割

事后回顾和项目回顾都是事件发生后触发的经验教训总结活动，时间点一到就启动，已经融入组织的业务流程。相较而言，知识收割是一个主动规划的过程，其范围和重点任务都在年初或年底依据战略规划识别，并持续跟进，一旦条件具备，就马上开展相关工作。

知识收割的执行责任主体是各业务领域的能力看护部门，在企业启动战略规划活动之后，各能力看护部门依据未来 1~3 年的战略发展需要，识别各自领域的能力优势与劣势，如果知识源在外部，就要启动咨询项目或合作项目，将能力收割回来；如果知识源在内部，就要分析哪些项目可能会构筑对应的能力；然后联合项目管理办公室实时跟进项目的开展情况，利用项目团队开展事后回顾、项目回顾的契机，快速切入，完成知识收割，知识收割规划如表 8-5 所示。

表 8-5 知识收割规划

战略	组织能力	竞争力水平	知识风险	潜在项目	备注
方向 A	能力 A	高	高	项目 A	知识保留在员工的头脑中，没有记录下来，并保存在企业，易流失
	能力 B	低	高	项目 C	组织能力不足，无法满足需要
方向 B	能力 A	中	高	项目 A	竞争力需进一步提高
	能力 C	高	高	项目 B	文档化不够充分

如果企业绘制了战略地图，战略地图就是知识收割规划地图。战略地图是以平衡计分卡的 4 个层面（财务层面、客户层面、运营层面、学习成长层面）目标为核心，通过分析这 4 个层面目标的相互关系而绘制的企业战略因果关系图。

财务层面目标是指收入、利润、资金周转率等方面的目标。只有将财务层面目标转化为具体的市场/客户目标，企业才能明确业务要求，如新开拓客户数、平均客户消费单价、不同级别客户的数量等。为了确保达成市场/客户层面目标，企业必须在产品开发、市场营销等方面下功夫，这些都属于运营层面的工作；最后，通过有效的人才供给、高效的流程、敏捷的 IT 系统等支撑运营目标的达成。如此，一层一层支撑，确保企业战略有效落地。

所以，财务层面和客户层面体现的是业务目标，运营层面和学习成长层面反映的是组织能力提升目标，一旦企业建立了良好的战略地图制定与落地机制，知识收割就可以依照这套机制高效执行。

图 8-10 所示为某写字楼资产运营公司的年度战略地图，通过这张地图可知该公司必须迅速提升土地拓展、产品开发、市场营销等方面的能力，该

知本主义：
用知识管理打造企业护城河

公司可以对月度经营情况或季度经营情况进行分析，了解各项工作的关键进展，从而在时机成熟之时第一时间启动知识收割。

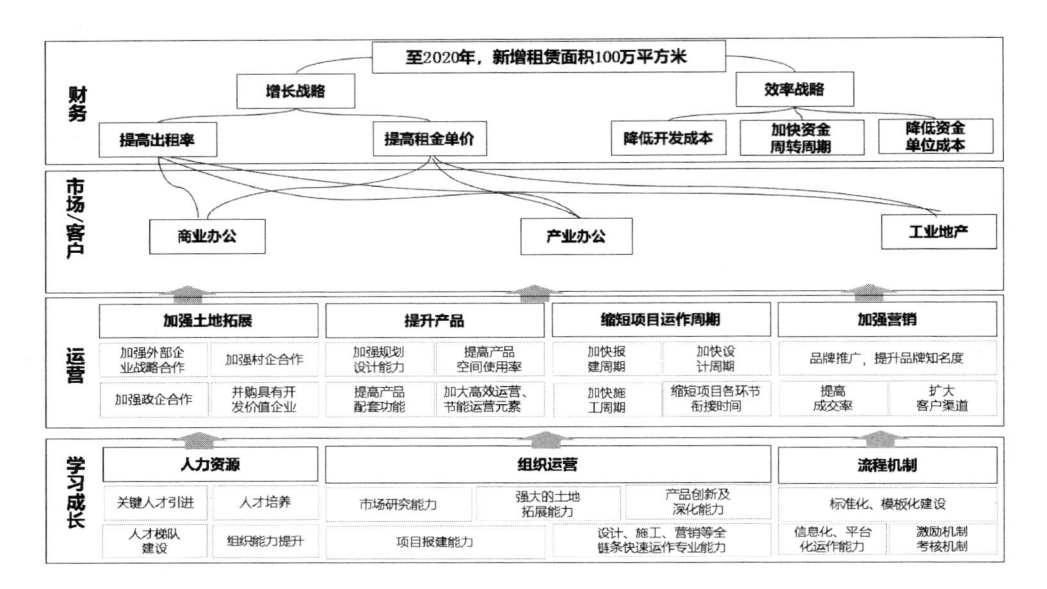

财务			至2020年，新增租赁面积100万平方米				
			增长战略		效率战略		
	提高出租率		提高租金单价		降低开发成本	加快资金周转周期	降低资金单位成本
市场/客户		商业办公		产业办公			工业地产
运营	加强土地拓展		提升产品		缩短项目运作周期		加强营销
	加强外部企业战略合作	加强村企合作	加强规划设计能力	提高空间使用率	加快报建周期	加快设计周期	品牌推广，提升品牌知名度
	加强政企合作	并购具有开发价值企业	提高产品配套功能	加大高效运营、节能运营元素	加快施工周期	缩短项目各环节衔接时间	提高成交率 / 扩大客户渠道
学习成长	人力资源		组织运营			流程机制	
	关键人才引进	人才培养	市场研究能力	强大的土地拓展能力	产品创新及深化能力	标准化、模板化建设	
	人才梯队建设	组织能力提升	项目报建能力	设计、施工、营销等全链条快速运作专业能力		信息化、平台化运作能力	激励机制考核机制

图 8-10　某写字楼资产运营公司的年度战略地图

如果企业没有绘制战略地图的习惯，或者没有运作机制，就用比较简单的办法——基于企业年度重点工作计划清单进行分析，从中找到需要开展知识收割的项目，形成知识收割计划表。

8.2.3　实施单项目知识收割

知识收割是一个小型的项目，必须按照项目运作的方式成立项目团队，其成员包括被收割项目的成员、对应领域的能力看护部门（包括项目管理办公室）、知识管理专职/兼职岗位等。所有项目团队成员必须在知识收割的过程中紧密配合。

在知识收割正式开始前，项目团队应明确收割目标。尽管制定年度规划的时候已经有了初步的方向，但是具体的目标、范围只有等到具体收割的时候才能最终确定下来。此时，知识收割项目团队需要和事业部的最高管理者、战略规划部负责人、市场部负责人、研发和项目交付部负责人、各能力看护部门负责人等进行访谈，了解他们的诉求；与此同时，还要与一线的项目团队进行交流，了解他们的看法，通过这种上下结合的方式，确定知识收割的具体目标。

通过大量的实践，华为总结出 3 类知识收割目标——决策、管控和执行，一次有效的知识收割能够同时提升决策、管控和执行这 3 个方面的效率，以下是关于 3 类目标的简要说明。

① 决策。面向决策者，聚焦"为什么做这个项目""对企业有什么价值和意义""什么时候动手比较合适"，确保战略方向的正确性。

② 管控。面向项目经理，聚焦排兵布阵、人员构成，应该找哪些合作伙伴，在什么时候投入什么资源，哪些资源是必不可缺的，需要以何种方式协同，确保组织能力能匹配战略需要。

③ 执行。面向项目普通成员，聚焦执行层面的具体行动，确保用正确的方法把事情做正确。

明确目标之后，项目团队必须有针对性地设计经验收割和文档收割方案。通常，经验收割采用项目回顾的方法，前文对其操作方法已经进行了详细描述，这里不再赘述。文档收割的基本步骤如下。

① 能力看护部门提供基线文档清单。

② 项目团队补齐文档清单并提供文档。

③ 能力看护部门分析项目文档，识别收割线索。

④ 对收割线索进行讨论。

⑤ 形成文档优化行动计划。

⑥ 归档项目文档。

⑦ 在知识收割成果海报上展示文档清单。

⑧ 闭环文档优化行动计划。

筹备阶段的最后一个任务则是设计成果的展示海报，其呈现的内容结构在 M 国 O 项目知识收割案例中已经进行了说明，各企业也可结合自身特点和需求进行设计。

> **知本主义：**
用知识管理打造企业护城河

知识收割的大部分工作发生在筹备和闭环阶段，一旦准备到位，经验收割和文档收割就能在 3~5 个工作日完成，最后对各种遗留事项进行跟进闭环。

注意，各能力看护部门的责任不是通过知识收割把一堆资料、经验收集回来，而是形成一套可复制的解决方案，内容包括流程（含操作指导书、模板等）、组织（含职责分工、团队搭配、排兵布阵等）、IT（含功能简单的小工具、功能全面的软件等），确保无论谁来做，是否第一次做，都能取得比较好的成果，此时，组织能力才被真正固化下来，企业的竞争力才得到有效提高。

下面是项目团队开展知识收割的时候总结的经验教训。

- 聚焦价值创造流程开展知识收割活动。
- 收割内容聚焦关键业务领域、岗位、技术。
- 知识收割机制与企业预算活动全面融合。
- 建立能力看护责任人机制。
- 拼图策略，持之以恒。

8.2.4　某酒店客户满意度咨询项目知识收割

某五星级单体酒店为打造高端品牌、获得更高的收益，在某年开展了客户满意度提升项目，为沉淀客户满意度咨询项目的优秀实践，并在企业内部建立客户满意度改善机制，决定开展客户满意度咨询项目的知识收割工作。

此次知识收割，按照以下 5 个关键步骤进行。

第一步，梳理流程活动，结合项目实施计划，在一周之内，输出客户满意度流程框架。

第二步，基于项目活动，识别具体的活动内容和收割线索，收割线索采用的方法是项目回顾，例如哪些事情对客户满意度提升产生了重大影响，哪些做法必须在未来应用等。

第 8 章
项目闭环阶段——前事不忘，后事之师

第三步，编写《客户满意度提升操作指导书》初稿，注意是初稿，不是定稿，开发《客户满意度提升操作指导书》的目的之一是把暂时不清楚、信息不完整、顾问赋能不到位的地方记录下来，将它们作为知识收割的线索。

第四步，举行文档收割和经验收割会议。

第五步，基于会议成果，完善《客户满意度提升操作指导书》，形成一整套解决方案，客户满意度提升解决方案资料包如图 8-11 所示。

文件名	日期	类型	大小
01-客户满意度提升项目流程说明文件V1.0	2018/6/4 20:12	Microsoft Word 文档	399 KB
02-客户满意度提升操作指导书V1.0	2018/5/28 20:49	Microsoft Word 文档	139 KB
03-客户满意度提升项目流程图V1.0	2018/5/25 9:43	JPG 文件	680 KB
附件1《项目执行计划表》样例	2018/5/24 19:49	Microsoft Excel 工...	29 KB
附件2《项目执行手册》模板	2018/5/24 19:49	Microsoft Word 97...	286 KB
附件3《项目执行手册》样例	2018/5/24 19:50	Microsoft Word 97...	753 KB
附件4《客户满意度调查问卷》样例包	2018/5/24 19:50	WinRAR 压缩文件	3,124 KB
附件5《█集团██年酒店满意度研究报告》	2018/5/24 19:51	Microsoft PowerPoi...	18,046 KB
附件6《问题定义分解表》	2018/5/24 19:51	Microsoft Excel 工...	80 KB
附件7《关键解决方案表》	2018/5/24 19:51	Microsoft Excel 工...	81 KB
附件8《执行工作计划甘特图》	2018/5/24 19:51	Microsoft Excel 工...	80 KB
附件9《X月度执行汇报表》模板	2018/5/24 19:50	Microsoft Excel 工...	66 KB
附件10《X月度执行汇报表》样例	2018/5/24 19:49	Microsoft Excel 工...	67 KB
附件11《沟通记录》样例	2018/5/24 19:49	Microsoft Word 文档	41 KB
附件12《阶段访谈小结》样例	2018/5/24 19:49	Microsoft Word 文档	36 KB
附件13《月度小结报告》样例	2018/5/24 19:50	Microsoft PowerPoi...	9,079 KB
附件14《员工访谈大纲》模板&样例	2018/5/24 19:49	Microsoft Word 文档	32 KB
附件15《打分维度》样例	2018/5/25 8:12	Microsoft Excel 工...	15 KB
附件16《██年客户满意度提升项目》相关资料	2018/5/25 8:29	WinRAR 压缩文件	88,120 KB
客户满意度提升项目流程图V1.0	2018/5/25 9:47	Microsoft PowerPoi...	48 KB

图 8-11 客户满意度提升解决方案资料包

为了确保客户满意度提升机制能够有效落地，该酒店特别成立宾客体验部，将其作为该项工作的责任部门，每半年按照此次收割的成果执行一次，并在每次执行之后开展项目回顾，不断优化和完善现有的机制和做法，受益于该项工作的持续开展，该酒店在携程旅行网上的评分长期处于同类酒店的前列。

8.2.5 华为 N 国 L 项目应用事后回顾、项目回顾、知识收割实现项目成功和能力固化

N 国 L 项目是华为 A 级项目，并且是电力物联网在海外交付的第一个

> **知本主义：**
> 用知识管理打造企业护城河

大型项目。项目非常复杂，涉及数据中心、计费软件、CRM（Customer Relationship Management，客户关系管理）部件、数据采集平台、几千台数据采集器、几十万个智能表计终端等实施设备的部署、调试和运维。同时，一线缺少此类电力信息化改造的交付经验。

为了确保项目成功，项目团队在项目计划阶段有针对性地制订了项目知识计划，明确"迭代+集成"的回顾策略，例如针对关键问题开展专题事后回顾，分领域进行月度项目回顾，项目结束后一周内开展知识收割。

具体执行时，项目团队聚焦终端上线率这一核心交付指标，进行重点学习和改进，期间，累计开展24次事后回顾，总结30多条提升措施；累计开展4次月度项目回顾，从25个关键学习点中总结出16个重点改进措施。在团队持续总结、调整和改善的过程中，智能表计终端的交付速度逐月上升（见图8-12），从2015年7月不到2000台的交付量，改善到8月2000台的交付量，再到9月4000台、10月5000多台的交付量，到11月实现10000多台的交付量，单月交付速度提升5倍。

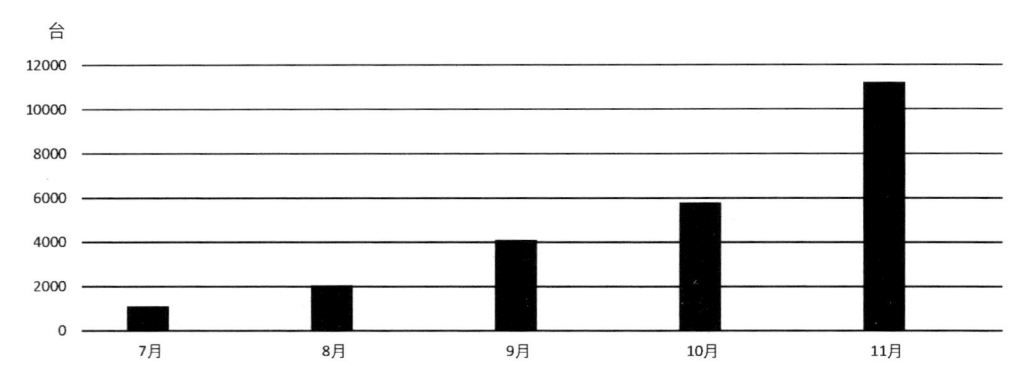

图8-12 2015年7~11月智能表计终端交付量

除了提高交付数量，智能表计终端上线率也持续提高，上线率从2015年7月的60%，提高到8月的65%，再提高到9月的78%，直到11月的93%，交付质量得到显著提高，如图8-13所示。

第 8 章

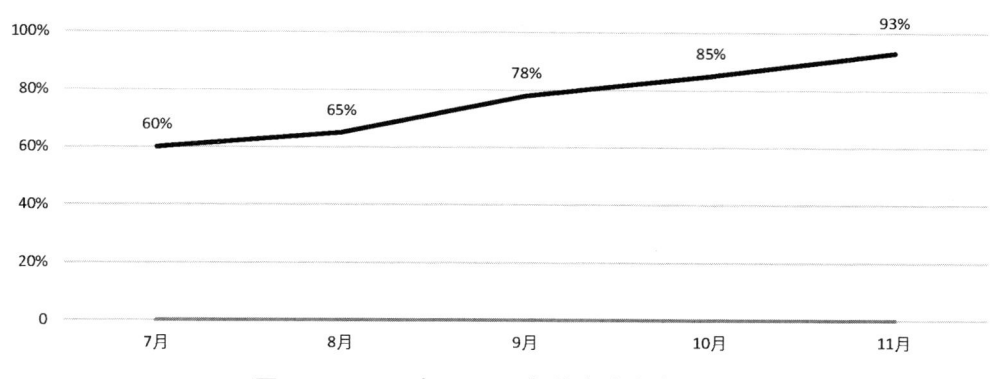

项目闭环阶段——前事不忘，后事之师

图 8-13　2015 年 7~11 月智能表计终端上线率

通过数月奋斗，项目实现 0 延期交付，得到了客户的高度赞扬；同时沉淀了大量知识资产（见图 8-14），覆盖项目拓展、解决方案研发、项目交付、合作管理等端到端内容，含 120 多个文档、20 多份视频资料，以及多个交付流程，为同类项目 1~n 规模复制奠定了良好基础。此外，在项目交付过程中，锻炼出包括产品经理、服务工程师、研发交付支撑人员在内的 20 多名实战专家，促进了组织人才梯队的培养。

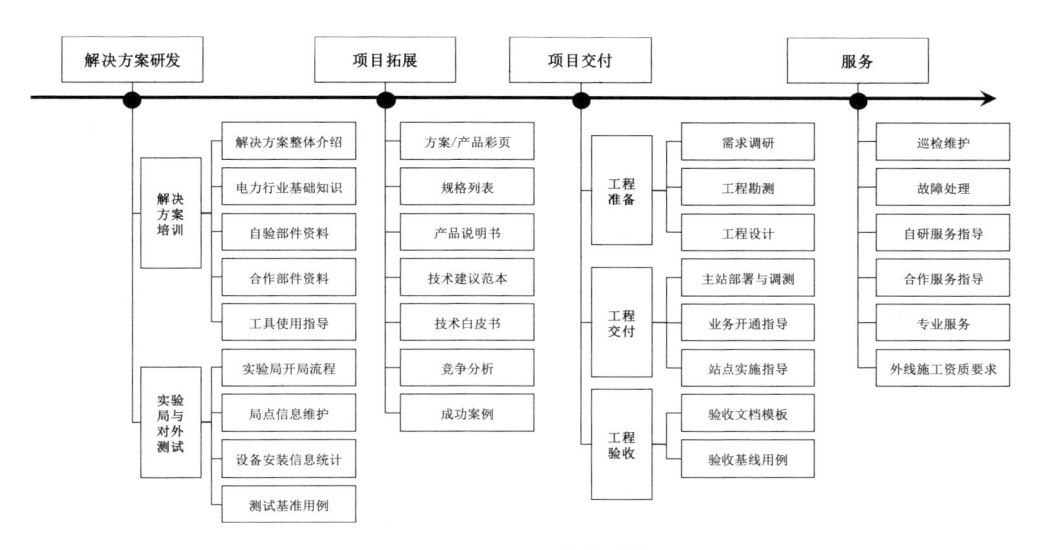

图 8-14　项目资料包结构

第 9 章
社区

社区的类型有多种，如同行实践社区、项目社区、兴趣社区、部门社区等，其中与项目关系比较大的社区为同行实践社区和项目社区。同行实践社区旨在提高某专业条线领域内知识、经验的获取和应用效率，就像房子的柱子一样；项目社区则是帮助项目团队高效进行信息、知识、经验共享和获取的阵地，它需要拉通与项目相关的所有专业，就像房子的主梁一样；通过同行实践社区和项目社区的协同运作，项目开展就有了知识底座和专家底座，实现水涨船高的效果。

9.1 同行实践社区：聚智慧，创未来

您所在企业的员工知道自己所属领域的头部专家是谁吗？

当员工获取知识时，能在一分钟之内找到所需知识吗？

当员工遇到问题时，能在一天之内得到初步的解决方案吗？

同行实践社区指的是一群人或者一个圈子。他们来自不同的团队，有共同的知识需求或面临相同的挑战，在互相学习的过程中（询问和答复、分享信息、团队共创等）逐步建立了信任关系，大家愿意且有责任为彼此解决问题。同行实践社区可以让每个人与成千上万的同行开展对话，利用他们头脑中的隐性知识。

当企业发展到一定规模时，每个专业慢慢形成了专业条线，如事业部 A 有质量管理，事业部 B、事业部 C、事业部 D 也有质量管理，那么所有事业部的质量管理人员就形成了一个圈子，即质量同行实践社区的雏形，此时如果有人愿意去运营这个圈子，并得到了企业的支持，质量同行实践社区就正

式运作起来了,从此之后,无论是哪个事业部的质量管理人员,只要遇到问题或需要支持,就可以通过这个社区获得帮助。以此类推,项目管理办公室和企业的所有项目经理组成了项目管理同行实践社区。

知识工作者的特点是每个人都有独特的经验和认识,当企业希望赋能员工掌握某项技能时,如写好产品设计文档,通常有两种思路:一种是由专家为员工培训或写文章传播知识;另一种是同行之间互相对话,想学习的人坐在旁边观察并互动。哪种思路的效果更好呢?实践证明第二种思路更有效,两种赋能方式如图 9-1 所示。

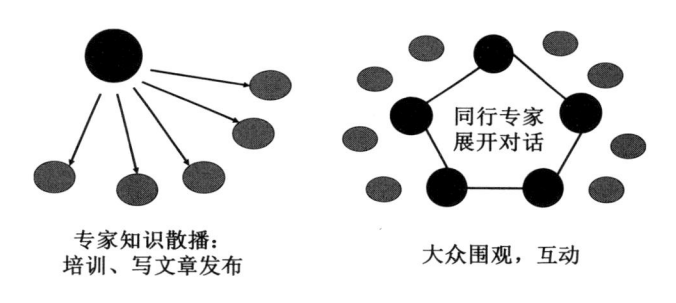

图 9-1 两种赋能方式

人脑中的隐性知识远大于写出来的显性知识,很多隐性知识和经验是无法记录下来的,唯一的途径是把人连接起来,让他们互相提问、讨论、分享和学习。对话不仅能传递深层次的隐性知识,还能创造出新的知识;同行通过对话,合作思考,相互激发,既贡献出自己的知识和见识,又能学习到别人的知识和见识,还能让同行和围观者的能力通过对话得到提升。只有提问才能真正打开知识的大门,好的问题能够激发出高质量的答案,产生知识创新的效果;只有对问题进行深入追问才能揭开真相,主动获取隐性知识的唯一方法是提问,企业仅仅共享知识是不够的,还要让员工有机会互相提问并交流。

笔者加入华为知识管理能力中心之后,导师告诉笔者"要想快速提升知识管理的作战能力,先到知者社区上面学习","知者社区"既是华为知识管理领域的同行实践社区,也是知识管理团队试点同行实践社区的阵地。"知者社区"最早的版本只有一个功能——问答,只要员工有知识管理方面的问

> **知本主义：**
> 用知识管理打造企业护城河

题就可以在上面求助，社区的运营团队保证在 24 小时之内联系专家并给出回应，而且回答的质量非常高。因为这些问题都是实际工作中遇到的，新加入的成员通过学习这些问题和对应的答案，相当于进行了一场实战演练，增长知识的同时也提升了实战能力。

通常，一个同行实践社区包括 5 个核心服务，其内容不是什么新鲜事物，很多同行都接触过甚至参与过，其威力能否迸发出来，关键看是否有人运营，并把社区激活。

① 社区求助。快速解决业务问题或个人求助，它是社区最核心的服务之一，华为的要求是员工提出问题后，必须在 24 小时内给出初步答案。为了让专家快速解答问题，某企业甚至在企业级知识分享平台上添加了一个显示平均响应时间的功能，如图 9-2 所示。

图 9-2　专家索引

② 专家黄页。连接同行，促进交流与求助。当员工遇到比较复杂的问题时，可以直接与专家联系并交流。专家信息的建设依赖企业的任职资格体系和员工履历库，具备数据库后，员工就能便捷地在专家黄页中自动同步专家信息，降低维护成本。

③ 社区讨论。聚焦业务痛点和难点，充分讨论、碰撞，组织形式类似于论坛。

④ 社区实践。共同实践，促进创新，该服务通常以线下活动的方式进行，如世界咖啡、开放空间、知识集市等。

⑤ 社区活动。促进连接，加强共享，共同学习。

9.1.1　业界实践

很多优秀企业都通过组建实践社区帮助其提升组织能力、改善业务效率。如麦肯锡通过持续建设和运营多个实践社区，在客户关心的重要主题上保持领先；美国玛氏通过实践社区让自己全球 12 个市场的销售额在 5 年内翻倍；知识管理的领先组织——英国石油公司，也建立并运营了众多实践社区，使炼油厂的休整周期缩减到 3 天。

英国石油公司认为成员之间协作的首要条件是互相认识，专家黄页能够帮助员工快速找到组织中具备某些特征的人，从而更好地获得专家经验和指导。英国石油公司的黄页内容非常丰富，如专家从知识寻找者的视角进行详细的自我介绍，包括"我是谁""我的知识和专长在哪里""我目前遇到的最大挑战是……""我从属于哪个社区"等。

随着技术的发展，对应的 IT 工具已经非常成熟，甚至很多都耳熟能详，如论坛、知乎、百度百科、知识星球等。这个过程中最难的不是 IT 系统，而是有一群人真正去运营这个社区，他们充满热情，不求回报，他们用真心感动社区的每个人，让社区的每个成员觉得自己也应该这样，于是这个社区就"活"了，当然，这个过程也离不开企业管理者的理解和支持，通常每个同行实践社区的发起与运营责任人都是对应领域的能力看护部门，社区角色及职责如图 9-3 所示。

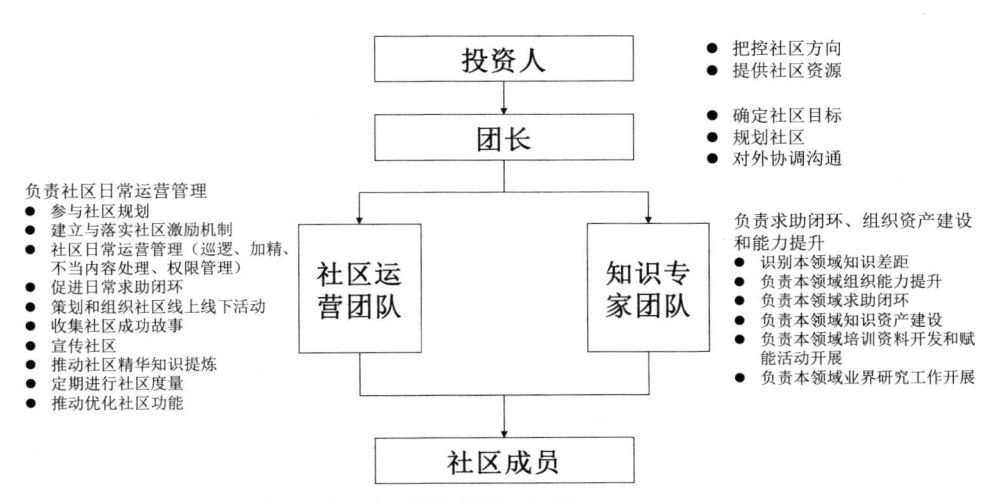

备注：如果该社区完全由员工自发形成，可以不设置"投资人"角色。

图 9-3 社区角色及职责

9.1.2 华为实践

华为在和英国石油公司、美国陆军等标杆组织学习后，在企业内部也建立了许多同行实践社区，每月平均解决业务问题2000多个。如华为运营商BG参考美国陆军的连长社区建立了营销领域的同行实践社区，通过有效的运营，该社区在很短的时间内取得了非常好的成效，如快速响应同行600多个求助问题，90%的问题得到解决，每个求助问题平均回帖11个，平均一小时内响应，70%的问题在3天内闭环，85%的问题在一周内闭环。同时，为了促进优秀项目经验的及时分享，基于各类业务场景，设置多个栏目，向一线营销团队分享优秀案例，知识分享栏目及案例如表9-1所示。

表9-1 知识分享栏目及案例

业务场景	栏目	案例
项目运作	项目宝藏	P国电信无线北部搬迁项目经验
	失利项目挖金矿	P国无线丢标项目教训
客户理解与引导	客户解码-步步为赢	王五分享如何理解客户隐性需求
	大家谈	李四在客户直销班分享××项目的视频
客户关系拓展	不知道诊所	客户经理如何摆脱饭局谜团
	销售精英零距离	张三分享客户关系破冰方法

华为的供应链同行实践社区也是典型代表之一，其目标是帮助一线员工快速解答问题，并及时捕获一线经验。为了实现这一目标，华为的供应链同行实践社区运营聚焦解决两个问题（员工求助缺渠道、区域经验难复用），建设3个保驾护航机制（社区运营机制、分享激励机制、项目运作机制），狠抓4项工作的落地（一线求助快速解答、区域经验挖掘开发、核心课题知识资产建设、在线培训体系搭建）。同时，明确供应链同行实践社区第一年的关键行动，关键行动如下。

① 成立并运作供应链知识管理项目团队。

② 拟制并输出供应链知识管理机制或白皮书。

③ 重点运营全球供应链团队及区域供应链主管团队。

④ 在区域试点知识管理方法论（事前学、事中学、事后学等）。

⑤ 根据区域需求安排远程虚拟教室培训。

最后，向供应链同行实践社区投资人承诺，在年底实现以下阶段性成果。

① 区域问题在 24 小时内得到响应。

② 在订单、物流、逆向、清关等方面挖掘并输出一两个精品案例。

③ 四大业务领域各建设一两个核心课题知识资产库。

④ 四大业务领域均通过视频培训软件组织远程培训。

经过供应链同行实践社区运营团队和所有成员的共同努力，取得了非常好的效果，如在线解答一线求助问题 250 多个，产生业务知识 2000 多个，成立超过 10 个场景圈。以下是供应链同行实践社区快速响应一线需求的部分案例，类似的故事每周都在发生。

某年，A 国通知中国驻 A 国大使馆："我国地震局预测，在××时间将发生重大地震灾害，请通知贵国给当地提供电信服务的供应商做好紧急预案。"华为代表处供应链负责人收到通知后，一筹莫展，最后向华为的供应链同行实践社区求助。尽管华为内部没有地震预案制定的责任部门，但在社区运营团队的联络和支持下，一线团队在 24 小时之内获取了大量高价值资料，如汶川地震、玉树地震、尼泊尔地震的详细应对方案，华为发布的各种地震应对说明等。最终华为成为第一个提供紧急预案的企业，极大地提升了企业在当地的品牌。

某年，位于南美洲的某国需要向我国批量采购便携计算机用于当地办公，此类业务在当时还没有流程可遵循，华为一线代表处曾花了一个多月的时间处理，但没有找到有效的解决方案。后来，该代表处某位员工在供应链同行实践社区发帖求助，两天内在线上和线下得到了来自各方的帮助，很快就找到了合适的受理部门，并在他们的帮助下制定了解决方案，需求得到了落实。从一个月到两天，从不知道找谁求助到八方支援快速解决问题，这就是社区的力量。

9.1.3 其他企业实践

同行实践社区不仅适用于大企业,也适用于中小企业。C 公司是一家多元化产融集团,下属有多个板块,包括写字楼建设与物业服务、生物制药、新材料、金属科技、高端酒店与餐饮、高尔夫私人俱乐部、冷链物流等,尽管该公司有 4000 多人,但分到每个模块,平均 500 人,是一家由小企业组成的中等规模企业。

当今世界,科技创新是决胜未来的关键,研发是实现科技创新生生不息的原动力。C 公司下属的 3 个科技创新企业的研发体系都处于初创阶段,存在研发任务重、氛围严肃、外行指导内行、强管控等众多挑战,需通过持续引进业界先进技术、加强内部优秀实践分享和共性问题探讨等方式解决上述问题,于是组建研发同行实践社区,通过世界咖啡、开放空间、知识集市等系列研讨和分享活动,总结并共创了 100 多条建议,有效支撑研发效率提高。研发体系建设研讨专题清单如表 9-2 所示。

表 9-2 研发体系建设研讨专题清单

序号	研讨专题
1	研发需要什么样的氛围
2	研发需要建立怎样的人才发展与激励机制
3	研发人才如何引入
4	研发体系(项目管理、流程制度、智能化等)如何建设
5	如何提前洞察市场,有预判地开展新品研发工作
6	传统制造业如何实现科技创新突围
7	研发项目管理能力如何提升
8	采购周期与研发进度之间的矛盾如何平衡

写字楼物业服务是 C 公司的重要现金流来源,但写字楼租赁面临非常大的招商压力,为实现业绩突破,特成立营销同行实践社区,促进企业内外最佳实践分享,改善营销作战效能。

首先,设立营销条线最佳实践分享机制,白天作战,晚上提高,每两周针对一个专题开展最佳实践分享和研讨,持续对齐认知、语言、工具和优秀做法。营销条线最佳实践分享与讨论排期表,如表 9-3 所示。

表 9-3 营销条线最佳实践分享与讨论排期表

专题	内容
认知项目价值	1. 分享：挖掘产品价值 2. 分享：如何让人 5 分钟记住你 3. 分享：客户动线体验设计 4. 研讨：产品价值点怎样更有效地传递给客户
客户需求挖掘和匹配	1. 分享：客户需求价值链 2. 分享：我们销售的是系统需求解决方案 3. 研讨：我们如何更好地发现客户需求
抗性问题研讨	1. 研讨：3 个抗性问题团队研讨
渠道维护和开拓	1. 分享：如何让中介配合逼定客户 2. 分享：如何定点挖客 3. 研讨：渠道维护配合技巧、中介外的渠道拓展方法及建议
拔升项目价格预期	1. 分享：如何拔升客户的价格预期 2. 研讨：我们如何更好地拔升客户的价格预期
定位逻辑和方法	1. 分享：一箭穿脑-项目形象定位 2. 分享：项目价值体系制定 3. 实操演练：交叉制定其他项目的形象定位和核心价值
运营支撑招商	1. 分享：怎样协调团队形成招商合力 2. 分享：运营如何支撑招商 2. 研讨：招商人员需要运营如何支撑自己
形成招商团队合力	1. 分享：团队如何作战协同攻克重点客户 2. 分享：典型客户成交案例 3. 研讨：如何打造"胜则举杯相庆，败则拼死相救"的团队
关注客户成交决定因素	1. 分享：针对客户不同的来访人员，如何根据客户偏好制定带看路线 2. 分享：如何捕捉客户成交的决定因素 3. 研讨：我们应该重点关注哪些客户的成交因素
市场和竞品分析	1. 分享：四季度宏观经济和市场环境 2. 分享：如何进行竞品分析
定价逻辑和方法	1. 分享：项目产品定价 2. 分享：一户一价的价值和价格逻辑
项目租赁控制	1. 分享：销售锚定与租控策略 2. 分组实操演练：某项目现阶段租控策略制定

其次，为保证新来的销售人员了解和掌握此前研讨的专题内容，营销同行实践社区专门输出《招商条线赋能知识手册 V1.0》，累计 162 页，《招商条线赋能知识手册 V1.0》目录如图 9-4 所示。

知本主义：
用知识管理打造企业护城河

目录

第一章 定位逻辑和方法
1. 定位概述
2. 2022年核心项目定位建议

第二章 认知项目价值
1. 项目价值点概述
2. 项目价值点传递方法

第三章 客户需求挖掘和匹配
1. 需求概述
2. 如何更好地发现客户需求
3. 如何满足客户需求

第四章 关注客户成交决定因素
1. 成交决定因素概述
2. 不同决策对象，成交决定因素不同

第五章 项目抗性分析
1. 项目价值点概述
2. 主要抗性问题及解决方案

第六章 经济环境和行业预判
1. 项目价值点概述
2. 项目价值点传递方法

第七章 渠道维护和开拓
1. 项目价值点概述
2. 项目价值点传递方法

第八章 团队协作 形成招商合力
1. 胜则举杯同庆，败则拼死相救
2. 团队协作，形成合力的方法

第九章 项目定价逻辑和方法
1. 定价概述
2. 定价的方法

第十章 产品的租赁控制
1. 租赁控制概述
2. 租赁控制原则及方法

第十一章 附录

图9-4 《招商条线赋能知识手册V1.0》目录

再次，为提升销售人员的一线实战能力，营销同行实践社区运营团队收集和整理营销经典案例，并通过企业级知识分享平台上线了20多个情景演练案例，供销售人员自主训练，以下为某场景的演练概况。

在员工登录系统进入挑战场景后，系统会简要描述案例要点——某企业创始人了解到C公司的写字楼有个空置房源非常不错，到现场看房后，对户型、装修、家具都很满意，然后安排行政负责人再次看房并确定租赁事宜，行政负责人看房后也比较满意，但在交定金之前对招商人员说："房子确实不错，比较符合我们的要求。我回去后会向我们老板重点推荐你们的房子。另外，不瞒您说，我们在其他项目也看到了符合我们要求的房子，其他项目提出给我中介费，您这边会给我多少中介费呢？"

到这里，系统会自动提示员工"如果你是该招商人员，遇到行政客户索要中介费，应该如何处理"，接下来员工可以按照系统的引导逐步完成自信心测验、制定应对方案、专家建议学习等步骤的演练，挑战完成后，系统会自动给出关于招商人员认知、方法改善情况的小结。

因为整个过程都是通过IT系统开展的，不需要人为干预，所以招商人员可以随时随地使用。同时，这20多个情景演练案例还能用于招商新人的岗前培训和帮助中后台人员了解招商一线真实情景，从而更好地支撑招商工作。此外，案例情景演练功能除了可以用于提升员工的专业能力，还可以应用到管理能力和领导能力提升等方面，例如应届毕业生培养项目、一线经理人培养项目等。

除了提高前端的招商效率，后端的服务也不能放松，例如工程团队就是一个脏活累活天天干，但很容易被人忽视的群体，而他们恰恰是提供高质量物业服务的关键工种之一。为提升所有工程人员的整体能力，改进服务质量和效率，C 公司特别建立了工程同行实践社区，针对业务挑战，例如总部只对项目提要求，各项目之间各自为政，工程管理者的管理能力较差，许多工程专业人员只掌握了一个模块的技能等，制定了一系列改善措施。

首先，工程同行实践社区投资人（工程副总经理）建立行业例会机制，每月组织各项目工程负责人和骨干对齐重点工作，所有工作的分析框架都按照事后回顾模板进行设置——把项目回顾融入月度任务管理流程中。同时对与重点工作相关的问题和挑战组织专题讨论并赋能，例如为有效节能降耗，设计和优化设施设备供电调度计划和设施设备升级方案；针对因水管老化导致爆管和微漏水等问题，开展诊断分析最佳实践分享；针对地面渗水漏水、墙面脱落等疑难问题进行结构化讨论。

其次，建立月度案例总结与分享机制（见图 9-5），各项目每月例行反馈 3 个案例到公司工程部，工程部拉通全公司选出经典案例在当月行业例会上分享并讨论，会后由公司工程部将具有普遍应用价值的内容固化到工程领域的流程、工具、模板和课程中，同时与当月提交的案例一起发布到工程同行实践社区的知识库，供员工获取和学习。行业例会结束后，各项目工程负责人将所有案例带回自己所属项目，并在本项目的工程例会上组织全体工程人员学习，形成案例从项目中来，又回到项目中去的良性循环。在月度案例总结与分享机制试运行的两个月内就收集并分享了 60 多个案例，员工反馈"形式便于接受，通过吸取其他项目的经验教训，避免自己的项目出现类似问题"。

知本主义：

用知识管理打造企业护城河

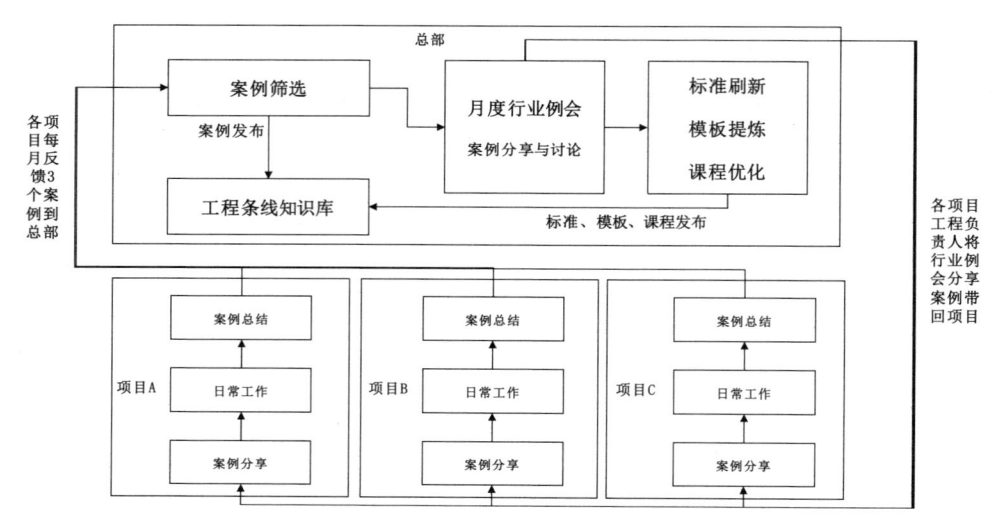

图 9-5 月度案例总结与分享机制

最后，为解决工程条线管理者能力不足的问题，工程同行实践社区投资人向集团企业大学申请专项支持，联合设计和实施工程人员训战营，工程人员训战营方案如表 9-4 所示。

表 9-4 工程人员训战营方案

阶段	模块	具体内容
训前导入	训前安排	1. 学习资料包 1）《非人力资源经理的人力资源管理》实践手册 2）《A 公司"领导十条"》 3）《A 公司优秀团队建设模型及落地指引》 2. 线上测试 3. 课前问题收集：作为团队管理者，您在当前的管理工作中面临的 3 个最大挑战是什么？
集训	模块一：角色认知	1.《新经理之角色认知》
	模块二：企业文化与团队建设	2.《A 公司的企业文化》
		3.《A 公司优秀团队建设及落地指引》
		4. 案例演练：团队沟通
	模块三：绩效管理	5.《绩效管理》
		6. 案例演练：目标管理与任务分配
	模块四：职业化	7.《职业化素养》
		8. 案例演练：时间管理

续表

阶段	模块	具体内容
集训	模块五：管理专题	9. 集团总裁管理赋能回顾学习
线上学习	不战而胜，领导力学习	
管理培训	《有效管理十八项技能》《高山景行：综合管理能力提升》《改善心智模式》《领导力提升训练营》等	
效果评估	学习内容测试	
案例总结	结合训前反馈的三大挑战，提交一例个人案例（不少于500字，STAR原则），并在结营仪式上进行答辩	
个人提升计划	根据自身存在的不足，制订和执行3个月的改进提升计划	

9.2 项目社区：变革松土，氛围营造的线上阵地

当企业开展大型变革项目，尤其是需要广大员工参与的组织变革项目时，可以通过创建项目社区支持变革松土、项目进展通报、员工意见收集与反馈、培训赋能等方式开展。

A公司为了激励员工奋斗，让员工高效创造价值，邀请业界某知名咨询公司开展多元化激励咨询项目，希望通过组织变革在一年之内达成以下目标。

① 建立体系。多元化激励咨询项目帮助A公司建立员工多元化激励体系，牵引和指导员工的行为、态度和能力改善，帮助公司打造奋斗者文化。

② 改善认知。通过项目活动，帮助各级管理者树立正确的员工激励理念。

③ 传递知识。在项目开展过程中，该咨询公司向A公司的员工传递业界领先的多元化激励知识与方法。

④ 掌握工具。提升员工对各种激励工具的理解和使用能力。

为了确保项目实现预期目标，设计了针对性的项目社区方案，聚焦项目

> 知本主义：
> 用知识管理打造企业护城河

所涉及的各类典型角色，分析他们可能面临的问题，变革项目利益相关方挑战分析表如表 9-5 所示。

表 9-5 变革项目利益相关方挑战分析表

人群	问题
项目现有成员	① 顾问如何高效了解和掌握企业的现状？ ② 如何快速掌握咨询公司的方法论，提升专业能力？ ③ 如何快速调整，灵活应对项目中遇到的各种情景？ ④ 如何弥补可能存在的知识缺口？ ⑤ 如何一站式获取项目资料？ ⑥ 如何快速同步信息？ ⑦ 如何避免重犯错误？ ⑧ 如何及时沉淀项目成果
项目新成员	⑨ 如何快速了解和掌握项目阶段性成果，跟上前人的步伐？ ⑩ 如何快速了解团队成员分工及专长，有效协同
项目所服务的对象（如人力资源部门、各级管理者）	⑪ 如何使服务对象快速了解项目阶段性成果，树立并增强信心？ ⑫ 如何快速掌握项目输出的工具和方法，并运用？ ⑬ 如何激发服务对象广泛参与讨论、思考，群策群力？ ⑭ 如何快速获取应用效果反馈，帮助项目团队及时调整
全体员工	⑮ 如何使员工快速了解项目对他们的价值和意义？ ⑯ 如何使员工快速了解他们需要了解的知识？ ⑰ 如何激发员工广泛参与讨论、思考，群策群力？ ⑱ 如何快速获取应用效果反馈，帮助项目团队及时调整

针对表 9-5 中的问题，项目团队基于项目计划在项目社区同步组织各类活动，发布各类资料，变革项目知识管理解决方案如图 9-6 所示。所有内容都按照时间顺序逐步开展，如在完成立项汇报后，马上在项目社区发布第一阶段的业务对标资料，让项目干系人（人力资源部门、各级管理者）了解业界做法，树立信心；在启动会结束后，马上在项目社区发布启动会培训视频（含经验传递、项目管理培训），确保后续加入项目的成员接受同样的赋能。

若企业级知识分享平台具备社区功能，则安排项目团队成员基于变革项目知识管理解决方案进行网页栏目设计。图 9-7 所示为某公司 CRM 项目社区的首页，供大家设计自己公司项目社区首页时参考。

第 9 章
社区

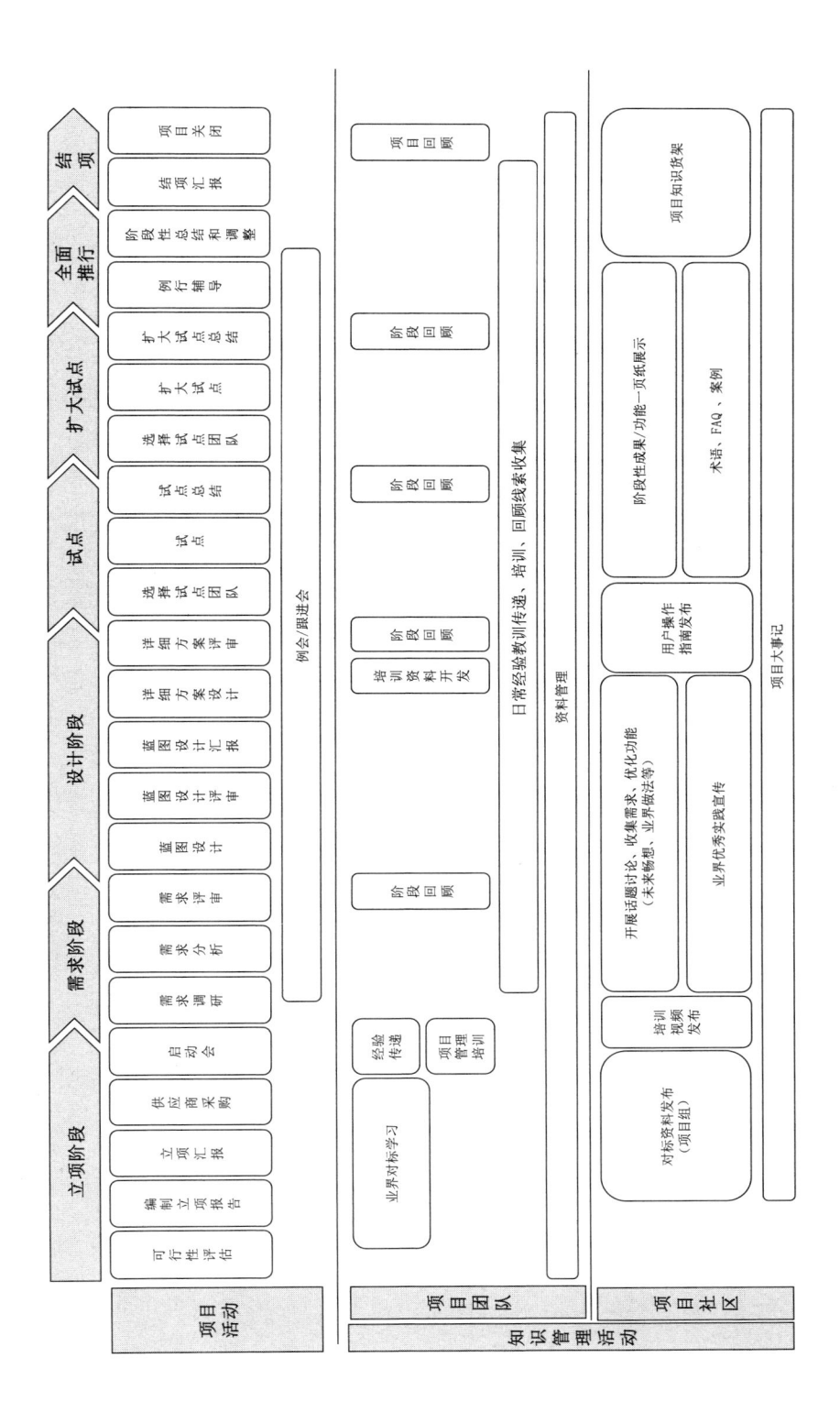

图 9-6 变革项目知识管理解决方案

知本主义：
用知识管理打造企业护城河

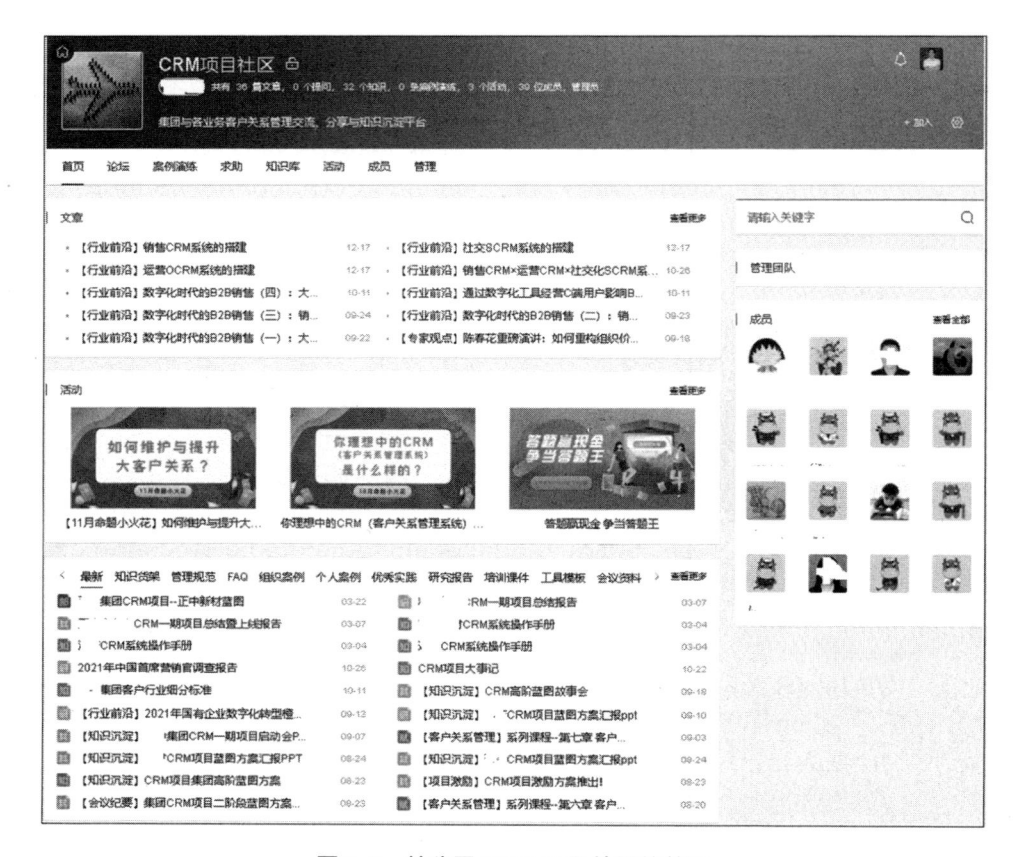

图 9-7 某公司 CRM 项目社区的首页

此外，项目经理须安排项目团队成员做好项目社区的运营和维护工作，项目社区运营与同行实践社区类似，为大家提供社区求助、专家黄页、社区讨论、社区实践、社区活动等服务。

第 10 章

让企业走得更远

知本主义：
用知识管理打造企业护城河

培养在战争中学习战争的能力，建设项目知识管理体系是一个系统工程，需要综合考虑流程、组织、IT 和员工能力等多个方面，并聚焦企业的战略、重点工作，持续投入，与时俱进。

不要指望通过购买或建立一套知识分享 IT 系统，就把知识管理做好，"要致富，先修路"的道理没有错，但前提是有致富项目，否则就会陷入巧妇难为无米之炊的困境，天天被"平台内容如何积累""系统活跃度始终上不去"之类的问题困扰，所以，建立一套知识分享 IT 系统一定要谨慎，先把需求弄明白。

企业不仅要关注显性知识的收集与分享，还要关注人与人之间的连接，只有通过人与人之间的连接建立基本的信任，才能促进复杂知识和事实的传递，想从知识管理中获得收益，必须两条腿走路，而企业往往忽视了人与人之间的连接。

工欲善其事，必先利其器，开展工作之前，尤其是开展复杂的工作之前，企业一定要花时间编制项目知识计划，基于业务挑战，有针对性地学习最佳实践，标杆组织的实践结果告诉我们"这些工作能为组织降低 15%~20%的成本"。

经历并不一定给我们带来经验，不一定能有效指导工作并持续获得成功，只有及时总结经验教训，识别经验教训背后的成功要素，并将其转化为具体的工作标准、行为要求，成功才有可能被复制，失败才有可能被避免。

知识的价值具有时效性，不要等到尽善尽美之后才总结、分享知识，知识分享越快越好，如果知识错过有需要的人，它的价值就得不到及时发挥。

开展知识管理，不在于各种模板和形式，也不是只有专业的知识管理从业人员才能做，重点在于按照方法背后的理念快速行动，这些理念就是事前借鉴、事中总结、事后固化。知识管理不是企业的奢侈品，而是企业必备的基本功能，如果企业资源有限，无法成立专门的部门或岗位，就可以将这个功能和其他岗位合并，把基本工作做好便可，企业必将从中受益。

10.1　企业文化决定成败

企业文化对经验传承的影响很大，我们要学以致用。通过下面的案例，我们将深刻感受到文化的积极作用和负面影响。

18世纪早期，英国的一处农庄周围生活着两种鸟——山雀和知更鸟（见图10-1）。这两种鸟的体型、食物范围类似，科学家对这两种鸟进行了对比和分析。当时，英国人习惯从奶农那里购买鲜牛奶，每天早上，奶农把新鲜的牛奶放到客户的家门口，而且奶瓶敞开，没有盖子。山雀和知更鸟非常聪明，很快就学会了从奶瓶中偷奶喝，不久这件事情被一位客户发现了，这位客户向奶农投诉，于是奶农给每个奶瓶封上了铝制的瓶盖，这样山雀和知更鸟就没有办法偷喝牛奶了。

山雀 　　　　　　　　　知更鸟

图10-1　山雀与知更鸟

尽管如此，总有那么一两只山雀或知更鸟在非常偶然的情况下把瓶盖弄开，再次偷喝牛奶，但奇怪的是，越来越多的山雀学会了"开瓶盖偷喝牛奶"，到最后所有山雀都学会了这个技能，甚至代代相传，而知更鸟却没有全部学会，那么，是什么原因导致两种鸟截然不同的结局呢？

知本主义：
用知识管理打造企业护城河

经动物学家分析发现，山雀是一种群居鸟类，喜欢聚在一块交流，幼年时期，它们就已经习惯与同类和平相处，甚至编队飞行；一只山雀掌握了开瓶盖这一技能后，会把它告诉同伴，如此一来，一传十，十传百，同一群山雀都学会了这个技能。山雀还经常从一个区域飞到另一个区域，这个技能又被一群山雀传播给另一群山雀。

知更鸟恰恰相反，它是一种领地意识非常强的鸟类，只在自己的领地觅食，且非常排斥同类，与同类之间的交流非常少，即使有交流，也是具有对抗性且充满敌意的交流，所以，哪怕一只知更鸟在偶然情况下学会了"开瓶盖偷喝牛奶"，也无法大范围传播。

文化的核心是价值观，价值观是评判是非对错的标准，山雀和知更鸟对同类的价值观判断不一样，导致了截然不同的结局。这个案例告诉我们，文化影响结构，结构影响行为，行为影响结果，一个组织如果不能有效传承经验，不能学以致用，那么问题很有可能出在文化上。

华为的核心价值观包括4句话——以客户为中心，以奋斗者为本，持续艰苦奋斗，坚持自我批判。只有客户才能给华为钱，所以华为存在的唯一理由是服务客户；而在服务客户的过程中，创造价值的是奋斗者，所以必须以奋斗者为本；但奋斗者要有成效，要让企业在激烈的竞争中脱颖而出，就必须持续艰苦奋斗，这里的奋斗指的不是身体上的，而是思想上的，积极开动脑筋，想方设法工作，尽心又尽力；但仅靠个体的艰苦奋斗是不够的，个体的认知是有局限的，甚至会出现错误，所以要坚持自我批判，听得进批评，接受不同的意见，通过不同的声音提醒自己、启发自己、完善自己，人只有自我批判，才能容天、容地、容人。

以客户为中心，从坚持自我批判开始。为什么华为是一个善于学习的组织？因为从文化上它是导向自我学习、自我成长的，更关键的是，它的文化不是挂在墙上的文化，而是通过确定性的流程和制度使经验有效落地，让员工看得见、摸得着、感受得到的文化。文化的缔造者是企业的创始人，所以知识管理是"一把手"工程。

10.2 各级管理者的言行是第一驱动力

文化是创始人带头创造的，但践行和传承企业文化是各级管理者的首要使命和职责，领导者最重要的才能之一就是影响文化的能力。尽管经验传承和学以致用需要流程、制度的保障，但更重要的是各级管理者与员工之间沟通、互动的方式和习惯所产生的无形影响。

管理者给员工布置任务的时候，如果是从 0 到 1 的工作，管理者就要提醒员工，在正式启动这个工作之前，需要先找专家、相关资料或标杆组织了解情况，必须站在前人的基础上突破，并主动引荐专家或为员工提供学习资料，例如公司内部专家张某、企业级知识分享平台上的某篇经典案例、某标杆组织的对标分析报告等。这其实就是提醒员工做好事前借鉴，如果一开始管理者没有向员工传递上述要求，就得马上提醒员工。

如果员工已经多次执行某个任务，管理者就可以告诉员工"这件事情我们已经做过很多次了，请看看能否进一步改善，比如将效率提高 5%"，通过调整目标，驱动员工学习和改进。

当员工汇报工作思路或方案时，管理者可以先了解情况再听汇报，例如"请问这是我们自己想出来的，还是找相关专家沟通了解或学习业界优秀做法，分析利弊后得出来的？我们怎么看待他们的做法"。

当工作有阶段性成果或最终成果输出时，管理者可以提醒员工"在做这件事情的过程中，我们学到了什么？哪 3 件事情做得好且有必要坚持下来？又有哪 3 点在未来需要改进，接下来你计划怎么改善？希望我投入什么资源帮助你？在下次的周例会上，请将总结的经验教训与大家进行分享"，通过这样的方式驱动员工及时总结和提高。

在这样不断互动的过程中，管理者以润物无声的方式帮助员工逐步养成良好的学习习惯，让经验传承和学以致用落到实处。

某企业创始人曾向笔者咨询，他说："我们公司员工的流动性比较大，每次招聘的人很少，没有办法进行集中的培训赋能，尽管有老带新和资料自学等方法，但效果不明显，请问如何高效解决这个问题？"

知本主义：
用知识管理打造企业护城河

笔者认为有效的学习方法是基于任务驱动，在接到任务之后先分析任务，大概知道要做哪些事情，这些事情自己是否有把握，存在哪些困难和挑战，把问题清单列出来；再去向人请教，自学相关资料，并尝试实践，遇到新的问题后重复这个过程，直到任务完成为止；最后总结经验教训。通过干中学，学中干，实现能力的快速提高。

遗憾的是，这家企业的新员工没有这种习惯和意识，其成长速度较慢，怎么办呢？企业要对新员工的直接上级和导师进行赋能，将理念和方法告诉他们，让他们通过提问和对话的方式帮助员工养成对应的习惯，例如管理者布置任务的时候，可以问员工"你认为完成这个任务需要做哪些事情""在这些事情中，你对哪些没有把握""为了应对这些挑战，你计划做哪些事情？需要哪些支持和帮助"。

在员工提出自己的想法后，管理者可以告诉他向哪些人请教，应该看什么资料。无奈的是，这家企业也没有这样培养管理者和新员工的导师，所以，他们需要立即启动这个工作。

只有企业的各级管理者把事前借鉴、事中总结、事后固化的知识管理核心理念与员工日常的交流、互动方式融合起来，才能以润物无声的方式让企业的经验和知识得到有效发挥。

此外，企业培养人才的过程，也是识别和考察人才的过程，有的员工，通过3~5个任务的训练之后，就能掌握高效学习的方法，对问题的考虑更系统，任务完成质量更高，进度控制更好，往往这样的人才是企业管理梯队的后备力量，值得企业重点培养和发展；反之，训练了很多遍还不会的员工，建议让他们做一些简单的操作类工作。

10.3 打通知识从沉淀到应用的闭环，整体效果远大于局部之和

很多企业非常重视经验传承，往往忽视了学以致用，导致总结了一大堆资料，学习和应用的人却寥寥无几。例如某制造企业非常重视经验传承，要

求每位工程师每年至少写一篇工作案例，为了保证这个工作能开展下去，该企业将其与员工的任职资格绑定在一起，通过两年的运作，积累了约 3000 篇工作案例，但案例质量参差不齐，迫不得已，只能通过评优的方式选出优秀案例进行分享和组织线下学习，从而提升经验传承的效果，结果发现员工参与学习的积极性并不高，整个工作遇到瓶颈。

在新的一年，该企业希望改变这种局面，想提高线下案例研讨会的开展频率和力度，让更多员工参与进来。本年度这个工作由小 A 负责，开展过程中小 A 发现员工配合度不高，无从下手，非常苦恼。其实，这种情况非常普遍，很多企业都存在，为什么会出现这种情况呢？

首先，企业开展案例管理的目的是学以致用，显然实际操作的时候重点成了经验传承，没有遵循"用驱动学习""快胜过完美"的原则明确需求和执行方案，例如"聚焦什么领域、部门、岗位或角色""解决他们的哪些问题""什么时候解决好问题"。所以，小 A 开展工作时无从下手。

其次，案例管理是不是解决业务问题的有效手段，该企业并不笃定，只是本能地觉得这样做可能有效。

最后，小 A 的资源和能力有限，均匀用力无法深度支撑某个部门，部门负责人感受不到小 A 的帮助，相应地，对方的意愿也很难被激发，就会变成小 A 一个人开展工作，显然单靠小 A 是无法完成任务的，知识只有应用才能产生价值，而应用的主体是业务团队，这件事情就进入了死循环。

那么，小 A 如何破局呢？分三步走。第一步，他应该与上级领导对齐目标，确定今年上半年集中支持哪个部门，弄清楚他们的痛点，集中力量进攻那些通过案例管理可以解决的痛点。第二步，在确定需求之后，小 A 必须把具体的解决思路向他的上级领导、服务的业务主管说清楚，确保他们认可整个解决思路，一旦他们认可，小 A 就可以马上说出需要的资源并提出配合要求，确保工作开展的时候，业务能真正参与进来。第三步，小 A 必须找到一个可以快速解决的问题进行试点并获得成功，让领导看到效果，增强他们的信心，然后重复这个过程，按照由易到难的顺序逐个解决问题，让效果像滚雪球一样不断积累下去。

在做完这 3 个步骤后，企业就实践了一套适合自己的案例管理方法，可以在其他部门和领域复制应用。从表面上看这个案例是案例管理的问题，本质上是企业的目标管理能力不够，无法将模糊的企业诉求转化为清晰的行动目标和计划，最后陷入为了做案例管理而做案例管理的窘境。

该企业的情况并不是个例，笔者见到过很多类似的情况。企业必须深刻地认知到知识只有流动起来被员工应用，才能真正创造价值，但没有科学的流程及工具，知识将不会流动，就像河里的水一样，它不会自动变成自来水流到千家万户，只有建好城市的供水系统，这一切才能水到渠成。同时，再好的自来水供应系统，也会出现漏水或渗水的情况，只要有地方漏水，供应到老百姓家里的自来水就会有损耗，漏水越厉害，损耗越高，甚至引发停水。显然，前面案例中的企业建立的就是一套漏水非常严重的知识管理系统，企业原本的初衷是通过应用知识解决问题，最后执行时硬生生地成了收集和分享知识，万里长城只走了一半。

10.4 聚焦业务痛点，在正确的时间把正确的知识传递给有需要的人

某次，原来在华为负责知识管理工作的一群小伙伴在微信群里面讨论问题，有人提出"知识的价值到底如何评估？如果知识的价值说不清楚，企业怎么会开展知识管理呢？"

笔者认为知识的价值是相对的，和使用者的职位、影响力、自我认知、能力水平，以及当时的环境息息相关，比如同样是帮助改善客户服务体验的知识，既可用于餐饮行业的客户体验设计，又可用于高科技行业的客户接待活动设计，从财务上来说，餐饮行业做到天花板，单个合同也只能以万元为单位，而高科技行业，其单个合同能做到以百万元为单位，请问，这条知识的价值到底是多少了？是取高的那个，还是取低的那个呢？说不清楚了。同样的知识，对于某些人来说只是一个常识，但对需要的人来说，那就是救命，此时，怎么衡量知识的价值大小？

现实中，知识一定有价值，但讨论它的价值没有意义，就像氧气一样，所有人都知道没有氧气人类没法生存，但通常情况下人们不会讨论缺氧的问题，但在去西藏的路上通过管理手段避免出现缺氧，进而发生高原反应却是每个人都关心的，一个东西有价值是因为它稀缺，只有稀缺的时候才需要管理。

所以，知识管理也是一样，企业要找准业务痛点，在正确的时间把正确的知识传递给需要的人，这才是企业需要持续修炼的地方，因为痛点出现的时候，知识的稀缺性就产生了。医生的价值不是因为他有一堆非常名贵的药材，而是因为他知道怎么有效的治愈病人。正是因为这个原因，本书所讲的项目知识管理解决方案才会和业务的开展活动紧密融合，并基于具体的应用场景形成对应的知识管理方法。

10.5 多方位地开展知识管理运营，营造分享和应用知识的文化

华为的知识管理活动能取得有效的成果，除了高层管理的支持、引入业界优秀的知识管理顾问，多方位开展知识管理运营也发挥了至关重要的作用。

首先，坚持将知识管理方法融入流程。先后将项目知识计划、同行协助、事后回顾、项目回顾等方法作为关键活动融入集成产品开发流程、交付项目管理流程等作业流程，只要项目开展到这个阶段，就必须执行这个动作，有效避免知识管理活动与业务开展"两张皮"。

其次，激励激发业务自己开展知识管理。在轮值首席执行官徐直军的支持下，从研发无线产品线开始，逐步设立首席知识官一职，由产品线总裁任命，代表总裁管理产品线的所有知识管理工作，且首席知识官的人选必须是战斗在业务第一线的关键管理者。到 2015 年年底，华为任命的首席知识官达到 19 位。在 2017 年的华为年度知识管理大会上，对于优秀的首席知识

官，授予对应的荣誉铜币（见图 10-2），该铜币由沈阳造币厂制造，拿在手里沉甸甸的，很有分量。同时，设立华为年度知识管理奖，驱动变革落地和优秀实践的涌现，在集团层面设立了 100 万元的年度知识管理奖金，包括两个团队奖（累计 40 万元，每个名额 20 万元），10 项目奖和 10 项个人奖。

图 10-2　优秀的首席知识官奖牌

最后，全面开展知识管理方法认证。华为知识管理能力中心对常用的知识管理方法设立对应的认证机制，只要员工具备相关方法的引导实践经验，并满足一定条件，就可以申请认证，认证通过后将由公司知识管理能力中心授予证书（见图 10-3），肯定其专业能力，到 2016 年年底，华为累计发放知识管理方法认证证书 5000 多份，其中与复盘相关的方法证书占到 60%。

图 10-3　华为知识管理方法认证证书

此外，持续不断地开展赋能、共创、宣传活动，例如举办年度知识管理大会（一年一次，笔者负责了两届的策划与组织）、KMer 大会（半年一次）、编制《知者杂志》、通过 Hi3MS 平台广泛进行知识管理优秀实践宣传等。

有人认为"华为的做法普通企业学不会"，尽管现在的华为像一只美丽的蝴蝶，但它曾经也是一条毛毛虫，"边打边丢"，全面"边打边丢"是常态，也经历过项目经理做一个项目走一个的无奈，知识分享的文化也曾遭遇信息安全压倒一切的摧残，但企业高层管理者一直坚信"华为最大的浪费是经验的浪费"，倡导员工必须不断地总结经验，有所发现，有所创造，有所前进。华为提倡员工通过写案例总结经验、共享经验、开阔视野，并在这个过程中不断地开放、吸收，调整改善，充分认知到"知识管理的价值不在于 IT 和知识，而在于组织成员对知识的应用"，明确知识管理活动好坏的评价标准为"能否支持员工在一分钟找到工作所需的知识，员工求助能否在一天内获得初步解决方案，项目经验能否在一个月内被回收到组织"，最终华为结合项目管理的特点，形成了适合业务当前发展需要的项目知识管理解决方案。

笔者认为，学习华为不是照搬华为的做法，而是读懂华为化茧成蝶、从 0 到 1 的过程，找到背后的规律，用规律给自己的企业照镜子，洞察到真正的组织能力短板，参考华为的做法并形成自己的打法，道阻且长，行则将至，行而不辍，未来可期。

反侵权盗版声明

电子工业出版社依法对本作品享有专有出版权。任何未经权利人书面许可，复制、销售或通过信息网络传播本作品的行为；歪曲、篡改、剽窃本作品的行为，均违反《中华人民共和国著作权法》，其行为人应承担相应的民事责任和行政责任，构成犯罪的，将被依法追究刑事责任。

为了维护市场秩序，保护权利人的合法权益，我社将依法查处和打击侵权盗版的单位和个人。欢迎社会各界人士积极举报侵权盗版行为，本社将奖励举报有功人员，并保证举报人的信息不被泄露。

举报电话：（010）88254396；（010）88258888
传　　真：（010）88254397
E-mail：dbqq@phei.com.cn
通信地址：北京市万寿路173信箱
　　　　　电子工业出版社总编办公室
邮　　编：100036